谁煮了亚当·斯密的晚餐？
女性与经济学的故事

（瑞典）凯特琳·马歇尔 著
赵 征 赵雨霏 译

中国科学技术大学出版社

安徽省版权局著作权合同登记号:第 12191883 号

Copyright © Katrine Marçal,2012
First published by Albert Bonniers Förlag,Stockholm,Sweden
Published in the Simplified Chinese language by arrangement with Bonnier Rights,Stockholm,Sweden,through Kontext Agency,Stockholm,Sweden
© Bonnier förlagen AB/Bonnier Rights & University of Science and Technology of China Press 2019
The Publisher shall require all of its licensees to do the same. The Publisher shall,at his own expense,take all other actions required to copyright the Translation in the Publisher's name.

此版本仅限在中华人民共和国境内(香港、澳门特别行政区及台湾地区除外)销售。

图书在版编目(CIP)数据

谁煮了亚当·斯密的晚餐?:女性与经济学的故事/(瑞典)凯特琳·马歇尔著;赵征,赵雨霏译. —合肥:中国科学技术大学出版社,2019.3

ISBN 978-7-312-04565-3

Ⅰ.谁… Ⅱ.①凯… ②赵… ③赵… Ⅲ.经济学—通俗读物 Ⅳ.F0-49

中国版本图书馆 CIP 数据核字(2018)第 303356 号

出版	中国科学技术大学出版社 安徽省合肥市金寨路 96 号,230026 http://press.ustc.edu.cn https://zgkxjsdxcbs.tmall.com
印刷	合肥市宏基印刷有限公司
发行	中国科学技术大学出版社
经销	全国新华书店
开本	880 mm×1230 mm 1/32
印张	8.375
字数	174 千
版次	2019 年 3 月第 1 版
印次	2019 年 3 月第 1 次印刷
定价	50.00 元

内 容 简 介

现代经济学之父亚当·斯密有一句名言:"我们有指望吃上一顿晚餐,并不是因为肉贩、酿酒师或面包师傅大发慈悲,而是因为他们关心自己的利益。"他认为"趋利的本性"是促进社会经济发展源源不断的动力。

亚当·斯密终身未婚,一生与母亲相依为命。其母亲除了照顾其起居外,每日为其准备晚餐。她的行为并不是出于"利益",而是因为"爱"。毋庸置疑,亚当·斯密母亲的行为应纳入促进社会经济发展的范畴。然而,即使到了今天,母亲照顾孩子、清洁和烹饪等工作,也未被看作是社会经济发展的动力。

正因如此,本书对传统经济学使用单一"经济人"假设解释社会经济发展提出质疑,并从亚当·斯密的餐桌开始,讲述"经济人"诞生的故事,追溯"经济人"的神话,回顾了"经济人"在2008年全球金融危机事件中扮演的角色。通过这一过程,描绘出一个崭新的、更有包容性的"现代经济人"(包含女性特质),尝试去弥补"经济人"(男性特质)的不足,提供了看待和解决社会问题的新视角,以促使社会经济的发展惠及更多人——不仅是男性,更包括女性,最终凝练出本书作者的核心观点:维系社会良好运行的基础并不只是那双"看不见的手",还存在着一颗"看不见的心"。

媒体推荐

凯特琳·马歇尔的这本著作揭示了传统经典经济学及其发展演变中的一些缺陷,尤其是经济学将"经济人"之外的所有其他人类排除在市场之外的"热情"及由此引发的灾难。作为一个智慧女性,作者带着强烈的"愤怒"向读者们诉说了一个"经济人"的历史,这是一个充满着力量和趣味的故事。

——《展望杂志》

深刻地挑战了关于工作、生产力、价值的传统假设。这是一次有趣的阅读,带着幽默的诙谐。

——《异见者》

马歇尔轻松地取得了一项了不起的成就,发展了史密斯、凯恩斯、弗洛伊德、劳伦斯·萨默斯等芝加哥学派经济学家和相关学者的研究,指出了传统研究中最主要的缺陷:那些私利和市场无法达到的地方,内容既引人入胜,又发人深省。

——《波士顿环球报》

瑞典专栏作家马歇尔分析了古老的经济学问题:谁让你吃上了晚餐?她的结果发人深省。马歇尔分析了资本主义制度是如何形成的,剖析了为何"经济人"这个想法可能不再契合当今社会的发展。在经济学和性别平等这个交叉点,马歇尔对这两方面的严肃问题进行了诙谐易懂的研究。与其说是为读者提供了相关答案,不如说是激发了更多的思考和疑问。

——《图书馆杂志》

中文版序言

本书能在中国出版,我感到非常荣幸。

这本书写作于2011年瑞典的寒冬季节。那时,一年中最寒冷的天气虽已过去,但全球金融危机给整个西方经济带来的"寒冬"仍未离去,没有人知道何时才是尽头。

一本书,被作者带到这个世界之后,就有了自己的生命。多年来,我亲眼目睹了这本书被翻译成二十多种语言,在全球范围广泛传播。至今为止,我收到过来自哥伦比亚、美国和加拿大等很多国家读者的来信。我的女儿则对各种译本的封面图案更感兴趣:荷兰的封面上有一头大象,意大利的则是一个苹果。她觉得这很有趣:同一本书,竟然有那么多完全不同的封面!

当《谁煮了亚当·斯密的晚餐?——女性与经济学的故事》一书刚问世时,我认为它传递的信息远比今天更有争议。几十年来,西方国家的人们一直被这样告知:公众不需要对经济运行担心,专家们依据几乎无懈可击的经济理论指导着经济的正常运行。经济学家的任何言论,都会受到社会的普遍高度重视。然而不幸的是,2008年世界经济在专家们的指导运行下崩溃了!

于是,我想写一本关于经济学的书,让普通人弄明白到底发生了什么。书的出发点是女性,因为女性一直被排除在经济学理论的范畴之外。

经济学家假设人类是理性的、自私的和脱离于周围环境的。在标准经济学理论中,情感、利他主义、体贴他人和合作都不是人类的组成部分。

在我看来,人类被经济学家告知所应该拥有的每一个特征,都明显具有"男性"特点;而经济学家们竭力试图排除的每一个特征,恰是传统意义上的"女性"特征。

这种将"女性价值"排除在经济理论和经济体系之外的做法,其实是资本主义的重大缺陷之一。因此我始终坚信,为了绝大多数人的利益,修复运行不畅的经济体系并使其有效运转的方法,就是将女性要素重新纳入经济学考量范围。

这,就是本书的核心。

7年前,我的书比现在更具争议。当我在欧洲的大学和商学院讲课时,我的观点受到了很多质疑,有时不仅有质疑,还有愤怒。

但我觉得他们的态度正在慢慢改变。改变的原因或许不仅是我的书,而且是经济学本身也不断自我完善、日趋成熟,同时更加开放,对不同的观点也更包容。这样的改变让所有人期待。

经济学曾经是男性主导的领域。作为一名在经济学领域工作多年的女性记者,对此我深有感触。有一年,我非常有幸去采访诺贝尔经济学奖得主,那一年的诺贝尔经济学奖由三位获奖者共同分享。我坐在斯德哥尔摩老城诺贝尔博物馆的地下室里等着获奖者,第一个获奖者走了下来,他看了我一眼后,随即问道:"你的问题是谁写的?"

也许在他看来,一个年轻女性熟悉他的研究领域是不可思议的。多年来,我逐渐习惯了这种"待遇"。

但我相信,这种情况也在慢慢改变。

几个月前,我收到了赵雨霏写来的一封可爱的信①,她是本书中文版的译者之一。她在信中描述了很多中国女性正在面临的挣扎,她们既想在工作中成功,又想在家庭中成功。确实,与世界很多其他国家和地区一样,年轻女性的生活与她们母亲曾经的生活,已经截然不同。这样的变化其实是在很短的时间内完成的,女性生活和理念都发生了巨大变化:女人从想要男人,变成了想要男人拥有的东西,然后想要"拥有一切"。

然而,女性要全职工作,就必须有人帮助她们完成所有的家务劳动,全职家政服务是女性全职工作的基础。但全职家政服务不是每个家庭都有条件可以拥有的,只有少数家庭才能获得。不仅如此,即便是走上了全职工作岗位的女性,在以男性特点构造的工作岗位上证明自己的价值,也不是一件容易的事。此外,尽管越来越多的女性进入劳动力市场,但并没有相对应的男性离开工作回归家庭,显然流动并不平衡。这对于家庭而言,仍会产生很大的问题。

其实,对于这样的流动和变化,最终承担大部分压力的是女性。很多时候,女性并没有因为全职工作而减少任何的家务劳动。

---

① 信的内容见本书附录。

因此我认为，真正的解决办法不是让女性模仿男性去职场打拼，而是需要找到适合女性自己的路径和行为方式。尽管这并不容易，但还是鼓励年轻女性去努力尝试。对此我能给予的建议是，一要不断思考和讨论；二要寻找志同道合的伙伴和导师。女性要实现"拥有一切"，不仅经济理念需要改变，而且职场文化也需要改变，更重要的是，谁该照顾家庭和孩子的观念也需要改变。

这本书最希望传递的，就是我相信这些变化所带来的价值回报，不仅是女性的，也是所有人的。我们将创立一个更加"人性化"的经济发展方式，让男性和女性都有机会更加出色，不仅让我们的职业绩效表现更佳，而且打造出让每个人都更加温暖的人际关系。这些改变，会创造一个更美好的世界，一个更强劲健康的经济系统，一个不唯增长、更加全面的价值观体系。

我们正处在一个关键历史时刻，必须认真思考：经济的本质到底是什么？

我希望这本书能为中国经济的思考和探讨，提供些许帮助。

凯特琳・马歇尔

2018年10月26日

前言

女权主义一直和经济学有关。即便是最知名的女权主义者弗吉尼亚·伍尔芙[①](Virginia Woolf)想拥有一幢属于自己的房子,她也需要花钱购买。

19世纪末20世纪初,妇女们联合起来,表达对自身权利的诉求,她们希望拥有继承权和财产所有权;她们希望创办自己的公司或以自己的名义贷款;她们还希望拥有就业的权利,要求同工同酬。一旦拥有了这些权利,女性就不再需要为了钱而结婚,可以更好地追求爱情。

由此可见,女权主义与金钱脱不开关系。

不少人认为,女权主义过去几十年来的目标,一直是希望从男性处获取更多的金钱和特权。不过这些金钱和特权带给女性的,似乎大多是一些较难量化的东西,比如"在公共场合哭泣"。

6年前的2008年9月15日,美国雷曼兄弟投资银行申

---

① 弗吉尼亚·伍尔芙(1882—1941),英国女作家、文学批评家和文学理论家,意识流文学代表人物,被誉为20世纪现代主义与女权主义的先锋。另外,本书脚注均为译者注。

请破产。几周之后,这一事件迅速波及世界各地的银行和保险公司,数百万人失去了工作和所有的财产,很多家庭被迫搬出自己居住的房屋,政府财政破产,整体市场剧烈震荡。恐慌快速蔓延,从一个经济体到另一个经济体,从一个国家到另一个国家,全球经济体系几乎被彻底击垮。

我们惊讶地看着所发生的一切。

我们曾经这样被告知:只要每个人都认真工作,好好支付税收并保持安静,一切问题就会自行解决。

但这次的事件,似乎看上去不太一样,一定出了什么问题。

危机发生后,召开了无数次国际会议,还出版了很多书籍,谈论的都是关于出了什么问题和需要做什么的内容。突然之间,资本主义就成了众矢之的,从保守派政客到罗马教皇,都在批评资本主义。研究表明,这场危机将是一种范式转变,所有的一切都会变得有所不同。全球金融体系将会改变,新的价值观将主宰经济发展。于是,我们认真理解了"贪婪""全球发展失衡"和"贫富差距"等现象,甚至我们还从中文"危机"一词中学到了很多知识,"危机"由两个汉字组成,一个字的意思是"危险",另一个字的意思是"可能性"或"机会"。

6年后,金融行业已经复苏,利润、薪水、股息和奖金都回到了原来的水平。

被许多人认为会在危机中消失的那些经济秩序和经济故事,事实证明它们仍旧坚强地"活着",而且依然运行完好。它们为什么能"活"下来?这个问题的答案或许有很多,本书给你一个不一样的答案:性别。

前言

"如果雷曼兄弟是雷曼姐妹,那么金融危机的后果可能会有所不同。"2010年,还在法国财政部长任上的克里斯蒂娜·拉加德①(Christine Lagarde)如此说道。她指出,Audur Capital是冰岛一家完全由女性管理的私募股权基金,也是唯一一个能够在全球金融危机中渡过难关的。有研究表明,睾酮②含量较高的男性更容易冒险,而过度冒险的行为会导致银行破产并引发金融危机。这是否意味着男性会因为睾酮激素含量过高而影响经济的良好运行?

还有一项研究发现,当处于每月一次的排卵期时,女性的冒险偏好会大幅提升,甚至像男性一样容易冒险。这是否说明男性银行家和排卵期女性有相似之处?或者商业周期与女性排卵期之间也存在着某种人类尚未发现的联系?

进一步的研究指出,女子学校的女孩都像男孩一样渴望冒险,而混合学校的女生则更为谨慎。换言之,那些关于性别的规范、观点和想法看起来似乎很重要,至少当性别存在差异时如此。

无论是开玩笑也好,还是严肃讨论也罢,有一个事实不会改变:雷曼兄弟不会是雷曼姐妹。设想并讨论一个由女性主导华尔街的世界,其实对现有问题的解决并没有太大意义,因为那将是一个与现实世界完全不同的情况。如果这一设想成立,也许数千年的历史都需要重写,唯有如此,才能让

---

① 克里斯蒂娜·拉加德(1956—)曾任法国财政部长和国际货币基金组织(IMF)总裁。

② 睾酮是一种类固醇激素,由男性的睾丸或女性的卵巢分泌,肾上腺亦分泌少量睾酮,它具有维持肌肉强度及质量、维持骨质密度及强度、提神及提升体能等作用。

一个名为"雷曼姐妹"(Lehman Sisters)的投资银行得以出现,帮我们处理因房屋市场泡沫所导致的美国和全球的金融危机。

显然,这样的空想没有意义。而且,这也不是一个简单的"姐妹"替代"兄弟"的问题。

关于女性和经济学的故事,远比这个复杂得多。

女权主义思想和行为的传统,可以追溯到两百多年以前。无论以什么样的观点看待女权主义的发展,它都是这个时代伟大的民主政治运动之一,同时也导致20世纪的经济发生了最大的系统性转变。甚至这些影响在很多人看来,其意义还不仅如此,他们认为女权主义的影响是更为深远的。

"女性在20世纪60年代去上班。"这是我们经常看到的描述。

但事实并非如此。妇女在第二次世界大战期间或20世纪60年代还没有"上班"。

女性只是一直在"工作",但这个"工作"并非"上班"。

从"工作"到"上班",这是在过去的几十年里刚刚发生的事情。女性"工作"的性质改变了,从在家工作,到开始走出家门,变成了市场上的劳动力,走上了有人为之付薪的工作岗位。

之后,女性从担任护士、护理人员、老师和秘书开始,逐渐开始与男性进行竞争,成为了医生、律师和从事专业研究的科学家。

这意味着社会和经济的巨大转变:一半的人口将大部分工作从家庭转移到市场。

在无意识中,我们已经从一种经济体系变成了另一种经济体系。

与此同时,我们的家庭生活也发生了巨大变化。

1950年,美国妇女每人平均生4个孩子,今天这个平均值降为了2个。

在英国和美国,女性生育数量和时间安排因其受教育水平不同有所差异。受过良好教育的女性生育孩子较少,生育时间也较晚;反之,受教育程度较低的女性则生育较多孩子,生育时也较为年轻。

这两种生育的差异,被媒体用漫画解读得更为形象。

漫画里,职业女性把尚在哺乳的婴儿放在她的公文包里,她40岁时才生育后代,因为工作她甚至没有时间照顾孩子。因此,有人断定她是自私的、不负责任的,是个坏女人。

另一位漫画里的女性,是一位住在政府廉租公寓里的单身年轻母亲,靠政府救济生活。于是有人断定她也是自私的、不负责任的,也是一个坏女人。

关于我们所经历的、巨大的经济转变的辩论,经常从这里开始,同时在这里结束:漫画里的角色,代表了真实世界里的每一位女性,到底应该选择什么样的生活方式?

在北欧国家,由国家投入大量资金用于家庭育儿,给予父母更长时间的带薪育儿假期。因此,女性的家庭模式不再受其受教育程度的影响,趋于一致,女性也愿意生育更多孩子。但即使在这些因提供良好福利而享誉世界的国家里,女性的收入依旧低于男性,担任高级管理职位的女性人数也较少。

有一个"结"始终没有被解开。尽管我们无法准确表达,但毫无疑问,这是一个有关经济的"结"。

对于"经济",很多人都心存敬畏——它的概念和理论、它的权威、它的逻辑、它的包罗万象所导致的不可知性。这种敬畏带来了一种后果,就是每当经济发展中出现重大危机时,我们都"自愿"或"不情愿"地将"经济"问题交由专家们处理。据说他们已经解决了我们的问题,但显然是我们的能力不足,无法完全理解他们的解决方案,导致经济问题仍然不停地出现。但这并不妨碍专家和官员们成为名流,被《时代》杂志评为"年度人物",以表彰他们以"降低利率"等各种研究成果和解决方案挽救了西方文明。

值得庆幸的是,现在的情况终于有了变化。

这本书,告诉你我们是如何被诱导地接受了所有的"经济学"故事,如何把一种观点植入我们的内心深处。然后这一观点不仅影响了全球经济,也影响着我们自己的生活,变成了我们的价值观、决策、选择等所有一切的主宰者,拥有了至高无上的权力。

为了让你明白这一切,我们需要从头说起。

凯特琳·马歇尔

2014 年

目录

中文版序言 …………………………………………（ⅰ）

前言 …………………………………………………（ⅵ）

第一章——
　钻进经济学的世界,同时思考一个问题:亚当·斯密的
　　母亲是谁? ………………………………………（001）

第二章——
　认识"经济人",会发现这个人极具魅力 …………（015）

第三章——
　显然经济人不是女性 …………………………………（029）

第四章——
　人和经济人之间的协议并不如预期 …………………（045）

第五章——
　加入女性,再好好搅和一下 …………………………（063）

第六章——
　赌城拉斯维加斯和华尔街合而为一 …………………（077）

第七章——
　　全球经济体坠入地狱 …………………………（093）

第八章——
　　男人也不像个经济人 ……………………………（109）

第九章——
　　经济性的动机并不像我们认定的那么单纯 ……（123）

第十章——
　　人并不一定会因为金钱的欲望而变得自私 ……（137）

第十一章——
　　负数的意义仍是零 ………………………………（151）

第十二章——
　　每一个人都成了企业家 …………………………（165）

第十三章——
　　子宫并非太空舱 …………………………………（177）

第十四章——
　　探究经济人难以预料的深渊与恐惧 ……………（189）

第十五章——
　　这个时代最伟大的故事里只有一种性别 ………（203）

第十六章——
　　每个社会的发展都因为某种原因而受到拖累 …（215）

附录——
　　给凯特琳·马歇尔女士的信 ……………………（229）

参考文献 ………………………………………………（235）

后记 ……………………………………………………（245）

第一章

钻进经济学的世界,同时思考一个问题:
亚当·斯密的母亲是谁?

第一章

你的晚餐从何而来?

这是一个看似简单的经济学基本问题,但实际上极其复杂。

对于每天的消费而言,大多数人能够自行产出的只是很少的一部分,绝大部分需要购买,比如面包店里的面包和每天使用的电能。而每一个面包和每一度电,都要靠这个世界成百上千人的共同协作,才能生产出来并满足人们的需求。

以面包为例,种出来的小麦加工成面粉后,卖给面包工厂;面包工厂采购包装袋,再把包装好的面包卖给超市。只有以上所有这一切都顺利运作,消费者才能按时在超市里买到面包。此外,还要有人为农民生产农具、把面包运输到超市、维修保养车辆、打扫超市环境以及拆卸整理货物,等等。

因此,这整套流程中的各个环节必须大致上准时,按照正确的先后顺序进行,并要给每个环节留有足够的作业时间,面包店的货架上才不会空空荡荡。面包是这样,书籍、芭比娃娃、气球以及一切我们能想到的、可供买卖的商品也都是这样。

现代经济体的运行错综复杂。正因如此,经济学家才会去思考：哪些因素维系着经济体的完整？

　　1776年，现代经济学之父亚当·斯密（Adam Smith）写下了一段话，形成了现代人对经济的理解："我们有指望吃上一顿晚餐，并不是因为肉贩、酿酒师或面包师傅大发慈悲，而是因为他们关心自己的利益。"

　　亚当·斯密希望说明的是，肉贩努力工作、面包师做面包、酿酒师酿酒，并不是因为他们心肠好、想为别人创造幸福，而是为了赚取利润。面包和啤酒做得好，大家就会去买，这才是面包师和酿酒师生产及销售产品的理由，至于人们是不是吃到好吃的面包、喝到美味的啤酒，这些并不是驱动的力量。真正的驱动力是"利"。

　　自利是经济的驱动力！这也因此成了经济学的重要假设。

　　经济学通常被描述为一门"要少用爱"的科学，因为"爱"很稀少。爱邻居很难，更别说爱邻居的邻居了。我们必须节约使用"爱"，别在不必要的时候用光了。"爱"很稀有，"爱"远没有多到足以驱动整个社会的地步。如果我们把"爱"用到社会里，个人生活中的"爱"就会所剩无几。人们应该把"爱"放在罐头里封起来，供自己好好享用；不然的话，全部都会坏掉。因此，经济学家判定我们要用其他事物作为社会的组织核心。

　　于是"自利"就成了替代品！这样一来你就尽可以放心了。因为"自利"这个东西取之不尽，用之不竭，看上去多到用不完。

　　亚当·斯密提出了一个观点：自由市场最能创造有效率

的经济体。他认为当市场可以自由运作时,凭借着无限量供应的自利,整个经济体就像一个上满发条的装置一样运转起来。每一个人都为了满足自己而工作,每一个人也因此得到了所需要的产品和服务。超市架子上会有面包,电路里会有电流,每个人当然也有了晚餐。

靠着每一个人的自利,就让整个经济体运转顺畅、浑然一体,而且每一个人都不用思考整体,更可以完全不考虑责任和规范的事,这真是太神奇了!这个想法也成了我们这个时代最为人所知的论述之一。

在早期的经济学中,很多人相信是自私让整个世界得以转动。19世纪末,一位经济学家①写道:"经济学的第一条原理,是每一方都仅受自利动机驱动。"现代经济体的基础是"无情的自利",这个道理说服了我们每一个人,听起来真是让人惊讶!

经济学与金钱无关。从一开始,经济学关心的就是如何看待人。经济学是一部讲述人们如何在特定情境下赚钱的历史,或者说得更准确些——在任意情境下都能赚钱的历史。

---

① 弗朗西斯·伊西德罗·埃奇沃思(Francis Ysidro Edgeworth,1845—1926),英国统计学家,数理统计学的先驱,著名的古典经济学家。他从研究数学与伦理学到研究经济学,在其主要著作中,曾用数学方法对经济生活进行功利主义伦理学的应用分析,影响了当时和以后的经济学家。他在经济学方面的另一重要贡献,是第一个提出"契约曲线"的概念,并将其引入经济分析,用以分析市场上的交易与生产达到境界的条件。

"自利"至今仍是标准经济学理论的出发点。当有人说"像个经济学家一样思考"时,指的就是"人们去做某些事是因为对自己有利"。这可能不是对人类行为最好的描述,但无疑是最准确的描述。很多时候,道德代表的可能是我们对这个世界的期望运作方式,而经济学家告诉我们的是这个世界的实际运作方式。人就是这样过日子的,社会也因此紧密地整合在一起,就像有一只看不见的手(invisible hand)在操纵着。这种说法听起来非常矛盾。但"矛盾"常常正是上帝用来和人类对话的方式。

"看不见的手"肯定是经济学用语中大家最耳熟能详的一句。这个词的发明者是亚当·斯密,但将其发扬光大的是之后的经济学家。"看不见的手"无所不在、指引一切、决定一切,但你看不见也摸不着。这只手不是从天上或外层空间伸进来,对着万事万物指指点点、推推拉拉的;这只手存在于每一个人的生活之中,决定着每一个人的行动与选择,由内而外地驱动着整个世界。"看不见的手"这一概念成为后世经济学家的思想中心,甚至远远超出了亚当·斯密本人对其的重视程度。尽管在《国富论》(*The Wealth of Nations*)中,这个词只被提到了一次,但如今"看不见的手"已经被视为经济学以及经济世界的根基。

自利之于社会,有如重力之于自然。

"看不见的手"被提出之前大约100年,英国学者牛顿(Isaac Newton)出版了《自然哲学的数学原理》。

第一章

牛顿是一位天文学家、数学家、自然科学家与炼金术士。他说明了让月球按轨道运行的力量。他计算了行星的运行、重力以及为什么苹果会掉在地上——导致这一切发生的,与让各个天体待在各自轨道的力量完全一样,是重力。

牛顿给我们带来了现代科学和看待"存在"的全新视角。

当时,数学被当作神的语言。神让人们通过学习数学得以读懂"自然的奥秘",了解他创造的世界。

牛顿的发现让全世界为之着迷,而对此最为心驰神迷的,或许就是亚当·斯密以及刚刚萌芽的政治经济体。

在此之前,只有上帝才知道太阳系的运作法则,突然可以用科学方法加以判读了,于是人类看待世界的视角发生了改变。人类本来认为是上帝运转世界,他依据自己的主张实施惩罚和毁灭、移山倒海,每天亲自让全世界千百万朵花儿开了又谢、谢了又开。而新的世界观里没有上帝,天地、宇宙和自然,都是他创造之后上紧发条自行运作的结果,而且运行效果相当不错。

世界变成了一部机械、一套设计完美的仪器、一场大型演出,每一个部分都会"咔咔咔咔"地动起来,就像机器里的零件一样。于是愈来愈多的知识分子开始相信,可以用牛顿解释行星运动的理论套在每一件事上。牛顿揭开了自然的法则——而且,在这当中,藏着上帝对这个自然世界的真正规划。

亚当·斯密认为,社会的法则应该也能用同样的方法找到,其中肯定也存在着上帝对人类社会的真正规划。既然"自然"存在机制,"社会"应该也有机制。如果天体运行时会遵循某些法则，那么，人类社会的运行也应该会遵循某些法则，而且这些法则应该能用科学的方法来表达。

如果人类能解析社会法则，就可以按照法则改造社会。我们就可以与上帝的规划和谐共存，洞悉一切后选择顺势而行，而非逆流而进。于是人类社会就可以成为一套无摩擦的装置，依据对人类最有利的方式精准运作。

看起来，这就是亚当·斯密与经济学接下的任务，当然这不是一件小工程。

人类社会如何才能实现如自然世界般的和谐？设想一下，人类社会应该也存在着一种力量，像太阳系的重力一样的力量，就是"自利"。

把事物不断分拆，越来越小，最后，整体被拆成了最小的单位，就像玩乐高积木。这个组成一切物质的最基本单位，是原子。之后，你就开始研究这个最小单位，如果弄懂了这个，你就有可能弄懂一切。

原子组成的整体——物质会发生改变，但这些改变并非是原子本身在改变。原子独立于由它们所构成的整体，每一次的变动，都是由自发的新模式驱动的。这个世界按照自然法则运动，有着像钟表发条装置一样精准的逻辑。

经济学家也尝试着复制这样的巧妙。如果你想了解经济体，那就先把它分拆。如果你想知道为什么某个星期二肉店里有肉可卖，你就要了解其背后的、密切联系的一个个复杂流程，把每一个流程拆开来。如果还是弄不明白，那就接着再拆，直到拆成更小的单位。随着范畴愈来愈小，经济学家找到了他们相信的、整体可拆解成的最小单位。于是他们将这个要素称为"个体"(individual)。

经济学家的想法是,若你理解了个体,你就能理解一切。就像那个时代的物理学一样,全力以赴地研究不可分割的原子;经济学也全力以赴地研究个体,因为社会就是这些个体的加总。他们相信,即使经济体有所改变,也不是因为个体改变了——因为个体的特性不受其他因素影响,但个体会做选择。每一次经济体的改变,都是个体自主安排的新模式,是组成经济体的个体面对他人时所做的新抉择。这些个体彼此看不见对方,但可以"互动"。个体的意识由个体本人掌控,个体的意识永远不改变。

物理学按照不断分拆研究,取得了卓越进展,经济学怎么样呢?

亚当·斯密最大的成就,是从一开始就成功地将物理学的世界观导入了这门初生的经济学,那就是:合乎逻辑、理性且可预测。那个时候,人们还不知道时间与空间会融合成不可分割的时空;那个时候,人们还不知道宇宙在空间上可以分割成无数个世界,就像我们可以把时间不断细分一样。但经济学家似乎不太关心现代物理学的进展,他们仍"活"在牛顿的天空下看着星星。

"我真正感兴趣的是,上帝在创造世界时是否有任何选择。"现代物理学之父爱因斯坦(Albert Einstein)在20世纪初时如此自问。是否有其他未知的选择可以替代牛顿的物理法则?有没有其他的运作方式?和他同一个时代的经济学家们则少有人从这方面思考。他们自信得很。英国的经

谁煮了亚当·斯密的晚餐?

经济学家莱昂内尔·罗宾斯①(Lionel Robbins)1945年时写道,经济学"是一套普遍性的理论,只有无知或刚愎自用的人才会质疑其惊人的精准与重要性"。这一论调的关键是看起来上帝在经济学领域没有任何替代选项,因此可以判定市场就在人性之中,经济学家要研究的是市场,因此他们研究人。

在历史上,曾有过国王聘用皇室顾问专门解读死亡动物肠道中出现的花纹。他们通过研究纹路的颜色和形态,然后告知统治者天上诸神对于某个政治决策作何感想。在史前时代,意大利的伊特鲁里亚人(Etruscans)将羊肝的表层分成16块,以辨吉凶。如今,这些顾问的位置已经被经济学家取代,不管准不准确,由他们尝试着预测对政治人物考量中的某个决策,市场将给出的反馈。

多数人都想生活在"市场经济"里,而非"市场社会"里。从小到大,一直有人教我们必须把这两件事看成一体。卡斯特罗(Fidel Castro)说,被跨国资本主义剥削已经很糟了,但更糟糕的是连跨国资本主义都不来剥削。他或许说对了。英国前首相撒切尔夫人②(Margaret Thatcher)也说了"别无

---

① 莱昂内尔·罗宾斯,英国当代著名经济学家,主要著作除《经济科学的性质和意义》外,还有《英国古典政治经济学的经济政策理论》《罗伯特·托伦斯与古典经济学的演变》《经济思想史中的经济发展理论》等。文中原话出自《经济科学的性质和意义》(Essay on the Nature and Significance of Economic Science)。

② 玛格丽特·撒切尔,1979—1990年担任英国首相,其执政观点是经济自由主义——自由市场、自由贸易及资本主义全球化,而且认为除此之外,世人"别无选择"(There is no alternative,缩写为 Tina)。"蒂纳"(Tina)甚至成了她的绰号。

选择"。看来,资本主义似乎很成功(至少在2008年金融风暴之前是如此),全世界所有伟大的宗教都不得不甘拜下风:资本主义让所有人都臣服在同一个架构——全球市场之下。

这个市场决定了铁和银的成本,决定了人们的需求,决定了保姆、机长和总经理的薪酬;决定了一支口红或一部割草机的价格,也决定了子宫切除手术的费用。这个市场规定了纳税人每年要为倒闭的投资银行承担多少钱(一年7000万美元),也定出了北欧福利型国家的看护费用:握着一位87岁女性焦虑的手、陪着她进行完生命的最后700次呼吸要多少钱(96瑞典克朗/小时,相当于12美元/小时)。

当亚当·斯密享用晚餐时,按照他的观点,这顿晚餐并非是肉贩和面包师对他的喜爱,而是透过交易可以满足肉贩和面包师的利益。把晚餐摆上亚当·斯密饭桌的动机,是自利。

但,真的是这样吗?真正替他煎牛排的人是谁呢?

亚当·斯密终身未婚,这位"经济学之父"的大半人生和母亲住在一起。除了母亲之外,还有一位表亲处理亚当·斯密的财务。当亚当·斯密受命担任爱丁堡的海关专员时,母亲也随他一同前往。她的一生都在照料儿子。关于"我们如何吃到晚餐"这个问题,亚当·斯密的母亲正是他答案中的一部分,却被忽略掉了。

在亚当·斯密写作的时代,肉贩、面包师和酿酒师都需要工作,但是他们的妻子、母亲或姐妹要花掉一个小时又一个小时、一天又一天的宝贵时间,去照料孩子、整理家务、准备三餐、清洗衣物、擦干眼泪以及与邻居争吵。不管你如何看待市场,市场同样构建在"另一套经济学"的基础上,而这个却经常被我们忽略。

一个每天早上都要走上15千米去替家人收集柴火的11岁小女孩,毫无疑问是国家经济发展中极重要的一环。但没有人认可她的工作,经济统计数据里看不见这个女孩,计算或衡量一国经济活动总量的国内生产总值(GDP)时,也不会算到她。她所做的一切,不会有人认为对经济体很重要,或者对经济成长很重要。生儿育女、整理花园、帮弟妹们做饭、替家里的牛挤奶、为亲戚缝制衣裳,或者照顾亚当·斯密,让他有时间写作《国富论》,这一切工作在标准经济学模型里都不算是"生产力活动"。

在"看不见的手"难以触及之处,是"看不见的性别"。

法国女性主义作家西蒙·波娃(Simone de Beauvoir)说,女性是"第二性",男性是优先的、算数的和被计入考量的。男性在定义着这个世界的一切,他们把女性定义为与男性完全不同的"其他",然而,男性又不得不仰赖女性才得以成为男性。

有了"第二性",也就有了"第二经济"。按照男性们定义的经济世界观,传统上由男性做的工作是有分量的、被计入考量的,女性做的工作则是"其他",都是男性不做的工作,但如果没人去做这些事,男人们也不可能去完成他们现在做的那些事。

关于经济学的基本问题,亚当·斯密只成功回答了一半。他能享用晚餐,不只是因为各行各业的人能通过交易满足自己的利益;与之同样重要的,是因为他的母亲想方设法确保每天晚上都把食物端上桌,亚当·斯密才吃上了晚餐。

写到这里，也许读者们都发现了，经济学不可或缺的除了那只"看不见的手"之外，还有一颗"看不见的心"（invisible heart）。这么说或许过度强调了女性工作的重要性。但亚当·斯密的母亲数十年如一日地照顾儿子，让我们相信这颗"看不见的心"确实存在。

第二章

认识"经济人",会发现这个人极具魅力

第二章

"荒岛的故事会让孩子们特别着迷。"这是《小熊维尼》(*Winnie the Pooh*)的作者艾伦·亚历山大·米尔恩[①](A. A. Milne)的观点,被困在一个陌生和孤立的世界里,光凭这个就足以激发孩子们的无限想象力。

米尔恩认为,流落荒岛对孩子来说是最有效的、逃离现实生活的方式。那里没有妈妈、没有爸爸、没有兄弟姊妹,没有家庭义务、责任、冲突或权力争夺,而是一个全新的、相对清晰和简单的世界。在那里,你自由而孤独,可以在沙滩上留下唯一的一串脚印。那里是孩子可以自由主宰的世界。

经济学家有点像孩子,很多真的对漂流荒岛的鲁滨孙(Robinson Crusoe)着迷不已。大部分的经济系学生多多少少都听教授讲述过这个故事。故事来源于丹尼尔·迪福[②]

---

① 艾伦·亚历山大·米尔恩(1882—1956),英国著名剧作家、小说家、童话作家和诗人。生于伦敦,毕业于剑桥大学。出版长篇小说、散文、诗歌作品多部。其中儿童文学作品《小熊维尼》一书至今已被译为22种语言,在多个国家先后出版,并被迪士尼买下版权,改编成风靡世界的卡通影片。

② 丹尼尔·笛福(1660—1731),英国小说家,英国启蒙时期现实主义小说的奠基人,被誉为"欧洲小说之父"。

(Daniel Defoe)1719年写的小说。你可能很想知道,为何一个带有种族偏见、在荒岛上住了26年才和"野蛮人"结交为友的人,能让我们更好地理解现代经济学。

那是因为你不懂得政治经济学的重点。

迪福笔下的这位海难英雄,正是经济学家所谓"经济人"(economic man)的典型代表。鲁滨孙所处的荒岛,既无社会守则,更无法律。没有人禁止他做什么,他可以完全根据自我兴趣行事。在迪福所描述的荒岛上,由于没有其他任何因素的干扰,自利就成了驱动经济体的唯一力量,因此这个故事就成为了经济学家的绝佳教材。

在市场中,每个人都被假设为可自主决策的、无特殊偏好的独立个体,这也是市场能给予每个人自由的前提。你是谁、你的个性、你的情感全都不重要,唯一重要的只有你的支付能力。人们自主而独立地做出决策,人们无须考虑事物的来龙去脉或彼此的关系,所有人就像错落在大海里渺无人烟的一座座孤岛,没有人评判个体的行为,更没有什么东西可以束缚或阻碍每个个体。每个个体只受限于唯一一点:每一天有限的时间和有限的资源。鲁滨孙很自由,对于他和别人的关系,他只需要考虑别人能为他做什么。

故事里不存在任何的恶意行为,那样就太不理性了——故事里讲的都是理性。

小说中的主人公鲁滨孙出生在英国的约克,父亲是一名商人,鲁滨孙还有两个哥哥,不过一个死于战争,另外一个则失踪了。鲁滨孙学过法律,但他并不甘于英国中产阶级的安逸生活,于是登上了一艘驶往非洲的船。经过几段旅程,他最后停留在了巴西,通过建造农场获得成功,成了一个富有的农场主。但为了追求更多的财富,他上了一艘前往非洲贩卖奴隶的船,不过在最后一段旅程中不幸沉了船,鲁滨孙一个人漂流到附近的一座荒岛上。

冒险的故事由此拉开序幕。

鲁滨孙过了好几年只有几只动物做伴的日子,海滩上则有"野蛮人"和食人族大肆劫掠。在日记里,他除了记录他拥有的金钱和物资之外,也记录下了他的好运气和坏运气。

他确实流落荒岛,不过至少他还活着。

他可能很孤单,也无法和外界联系,但至少没有挨饿。

他可能没有衣服可穿,不过岛上的天气不错。

鲁滨孙理性地计算着每一种情况的优点。他还是快乐的,他不用顾忌需求、嫉妒和骄傲,也不用顾忌他人。他在日记中写道:他可以随心所欲,想做什么就做什么。他是整座岛的国王,他无须焦虑也不用在乎性欲,把心思全都放在对他所拥有财产的控制上。整个岛任他征服,大自然则任他取用。

大多数人在讲述鲁滨孙的故事时,往往把故事的重点放在鲁滨孙的创造力和精巧发明上。在荒岛上,鲁滨孙种植农作物、制作炊具、挤山羊奶。然后他用羊油做成蜡烛,把干麻绳捻成蜡烛芯。然而,真正建立起这样一个小小的单人社会,仅靠鲁滨孙的心灵手巧是远远不够的。事实上,他前前后后一共去了13次沉船处,搜索可能遗留下来的物品和工具。正是利用这些物品,他去适应和改造大自然,之后还指挥了其他的人。

尽管做出这些工具和物品的人远在千里之外,但是鲁滨孙依赖他们得以生存。

第二章

在荒岛上生活的第 26 年的一天，鲁滨孙从食人族口中拯救了一位名叫"星期五"(Friday)的当地人，一周之后"星期五"接受洗礼成为基督教徒。这位当地人对鲁滨孙感激得无以复加，于是像个仆人一样跟随鲁滨孙，为他服务。"星期五"原本也是食人族，但为了鲁滨孙戒掉了吃人肉的习惯。

他们一起生活了 3 年，就像作者在书中所言，这是"幸福快乐又美满"的 3 年。3 年后，他们获救回到了欧洲。

当抵达里斯本后，鲁滨孙发现自己已经非常富有。在他离开的这些年中，由他的员工打理的巴西农场赚了很多钱。鲁滨孙卖掉了所有的股份，结了婚，生了 3 个小孩。后来，他的妻子过世了。小说里只用短短的几句话就把这些事（结婚、生子和丧妻）写完了。之后的鲁滨孙继续着他的航海生活。

爱尔兰作家詹姆士·乔伊斯①(James Joyce)这样评价鲁滨孙：自立且孤独，冷酷且坚韧，缓慢而高效地做出决策，沉默寡言而深谋远虑。

鲁滨孙被动地成了隔离于社会的人，而经济学家则恰好喜欢把人彼此隔离后展开研究。于是因遭遇海难而漂流荒岛的鲁滨孙，恰巧成了经济学家用来说明"人离开复杂世界后行为方式"的最佳案例。经济学教授们说，这便是"Ceteris paribus"（拉丁文），即"其他一切条件维持不变"。这也正是大多数典型经济模型的基础假设。在包含多个变量的经济

---

① 詹姆斯·乔伊斯(1882—1941)，爱尔兰作家、诗人，20 世纪最伟大的作家之一，后现代文学的奠基者之一，其作品及"意识流"思想对世界文坛影响巨大。

学模型中,如果不能在研究某一个变量时,保持其他变量不变,这个模型就失去了意义。聪明的经济学家们非常清楚这套方法中的缺陷,即现实生活中很难找到"除了一个变量外,其他变量维持不变"的真实场景,但这仍是让人们"像个经济学家一样思考"的基础架构。当人们必须简化世界才能预测世界时,他们的选择只能是与亚当·斯密一样——假设其他条件可以维持不变。

在迪福的小说里,鲁滨孙很快创造出一套经济运行模式。即使岛上没有货币,但还是能进行交易和买卖——货物的价值由需求决定。

经济学家还有另一个关于海难者的故事,经常用来说明需求决定价值的原则。

假如有两个人流落荒岛,其中一人有一袋米,另一人有两百只金手镯。正常情况下,一只金手镯就可以买一袋米,但若两人遇到了海难而到了荒岛,物品的价值也随之改变了。

在荒岛上,有一袋米的这个人可以要求另一个人拿出所有手镯来跟他换一点米,当然他也可能拒绝交易,毕竟,在荒岛上金手镯没有任何用处。经济学家最喜欢这类故事,他们认为这些故事揭露了人类行为中的奥秘。

还存在另一种可能。

这类故事似乎总是忽略了一件事,这两个流落荒岛的人也许会聊聊天,彼此倾诉一下各自的感受,发现都很寂寞、都很害怕,也都很需要对方。再多聊一会儿,他们又发现两人小时候都痛恨菠菜,各自还都有个酗酒成瘾的叔叔。最后他们决定,大家要互相帮助,米一起吃,荒一起开。

人类的实际行为有极大可能演变为上述结果,难道这在

第二章

经济学上没有意义吗？

原来经济学家故事中的人物，重点其实不在于他们被困在荒岛上，而是他们被自己困住了——寂寞、孤立、难以接近，除了交易和竞争之外，他们没有其他互动渠道；除了物品之外，他们也无法与外部世界建立其他任何关联。一切都要通过买卖和交易以追求最大利润。

鲁滨孙既是第一个，也是最典型的经济人范例，经济学家称他为"Homo economicus"（拉丁文，意为"经济人"）。"经济人"也正是我们所熟知的各种经济理论的基础。经济学要研究个体，因此就创作出一个简化的故事场景，说明这个个体如何活动，也由此诞生了经济学思想中定义的人类行为模型。

而且，这个被定义为"经济人"的个体有着超凡魅力。

研究经济学的人都会学到，经济人会利用种种条件扫除障碍，以获取这个世界上的最大利润。虽说如此描述人类确实略显简单，但这却是放诸四海而皆准的版本，既适用于男人也适用于女人，既适用于穷人也适用于富人，不分文化、宗教还是高矮胖瘦。"经济人"喻示了存在于每一个人心中的最原始的经济意识（economic consciousness），这些意识构成了个体的欲望，并驱动个体去尽力满足个人欲望。

经济人是理性的，行为的背后一定存在着理由。他不会无缘无故地去做事，他的任何行动，或是为了追求快乐，或是为了避免痛苦。为了上述目的，每个经济人都会竭尽所能地去扫除一切障碍。

依据经济学家的标准模型，这个经济人的核心本质就是我们人类。他代表的是我们和经济有关的那个部分。因此，经济学家最需要研究的，正是每一个个体的这个部分。人最基本的特征就是贪欲：什么都想要，什么都想马上得到。而与人类贪欲相对应的是资源的稀缺，不仅你有欲望，其他人同样也有渴望。他们也同样什么都想要，什么都想马上得到。当我们无法随心所欲时，就不得不有所选择。选择的出现，正是基于稀缺性。

选择就意味着存在机会成本。一个人放弃了某些选择，相对应地就会失去某些利益。如果你选择往东走，自然就意味着放弃了向西的方向。

经济人的偏好各不相同。一个人喜欢郁金香的程度超过玫瑰，同时喜欢玫瑰的程度超过了牛眼菊，这意味着他喜欢郁金香的程度也超过了牛眼菊。当然，他还很理性——永远选择成本最低的方式达成目标。

人们不仅想着自己要什么，如何想方设法得到，还不停地计算着从一点到另一点的最短距离。既要尽可能多，还要尽可能便宜。这就是经济学的重点。张三明白自己想要什么东西，并且知道这些东西的排序；李四也明白自己想要什么东西，也知道这些东西的排序。然后，我们预备、各就各位、起跑，努力为着实现自己的愿望而努力。人生就此展开，然后结束，无非就是"逢低买入、逢高卖出"。

经济人的最大好处，就是可被预测。因此，你可以用漂亮的数学式来描述他提出的任何问题。所以与他一样的人，都可以包含在内。因为自利的存在，我们找到并建立了人类社会的自然法则。

经济人自由、理性、自私，且这些特质与环境无关。

经济人就像从传统的、非理性的压迫中解放出来的鲁滨孙,自己照顾自己,没有帝王、君主或任何人对他发号施令。他自由地主宰自己的一切,也不属于任何人。这是一个由经济学创造的新角色。

经济人不仅主导自己的人生,也允许别人自行决定各自的人生。他具有卓越的理性能力,让他成为自己这个小世界里的主宰,而不是他人的奴仆或下属。不管处于哪一种情境,他都可以飞快地计算出每一种可能性,因而自由地做出最佳决策。他就像一个世界顶尖棋手,在充满各种可能的棋局中运筹帷幄。按照1800年经济学家的说法,这正是人性。经济人有极高的容忍度:不会以出身评判他人,而只看别人做了哪些选择。他极具好奇心,对任何改变都报以开放的态度。他永远都想着一件事:让自己的处境更好、拥有更多、视野更广、经历更丰富。

经济人认为,工作本身并无价值,但工作是获取价值的必经之路。经济人设定目标,并为之努力奋斗,达成目标后就在这个目标上打个钩,然后马不停蹄地朝下一个目标前进。经济人从不过多牵挂,永远只向前看。一旦他决定了想要什么,就会无所不用其极,说谎、偷窃、不惜付出所拥有的一切大干一场。

经济人是孤独的,但孤独的目的是想尽一切办法满足自己的渴望。相比暴力手段,经济人更倾向于采用谈判和协商的方式。这个世界资源有限,没办法同时满足每一个人,而经济人只崇拜成功者,他们认为人生最大的快乐,就是经过艰苦努力后,终于可以双臂环绕,紧紧握住收获,然后大声地向世界宣告:"这些都是我的!"

在人生大戏落幕之时,他独自飘然而去,最终没入夕阳,以这样的方式告别世界。

在标准经济学理论里,经济人是没有情绪的,帮助、体贴或团结他人这些则更不存在。经济人只会有一些偏好,就好像比较喜欢苹果、不太喜欢梨一样,但就是一种偏好而已。可能为了体验,也会要求点情绪,但这些都不是他的固有特征。经济人没有童年、不依赖他人,任何社会因素都无法影响他。他也许记得自己出生时的情形,但这仅是一种记忆而已,和其他的记忆没什么差别。

经济人理性、自私,其所有特征都是超越环境而存在的。不论是在荒岛上还是生活于社会,他其实都是独自一人。不过这也没什么,经济学里本来就不存在社会,只存在着许许多多的个体。

于是,经济学变成了一套"少用到爱"的科学,让整个社会关联成一体的是自利。亚当·斯密口中的"看不见的手",催生出了经济人。从此之后,"爱"成了私有领域的专属品,当然,必须把爱隔离在外,不然的话,"蜂蜜"一下子就都见底了。

伯纳德·曼德维尔[①](Bernard de Mandeville)是一位荷

---

① 伯纳德·曼德维尔(1670—1733),哲学家,英国古典经济学家。在其著作《蜜蜂的寓言》里提出,如果从道德的角度看,受自利驱策的商业社会是应该受到谴责的;但如果想以"公共精神"为基础而建立起一种充满美德的繁荣社会,那纯粹是一种"浪漫的奇想"。这就是著名的"曼德维尔悖论"。对于这一观点,思想界褒贬不一。不过,人类社会要有更美好的未来,必须正确理解和对待"曼德维尔悖论",必须使人的自私心处于一个适当的限度之内,这样才能确保公正有序的社会制度得到普遍遵守。

兰籍的英国医生,他于 1714 年出版了著名的《蜜蜂的寓言》(*The Fable of the Bees*)一书。他在书中写道,当每一只蜜蜂都追求自利时,对蜂巢来说反而是得到了最有利的结果。只要蜜蜂群能够不受干扰地自行运作,自利就可以带来最佳效果。一旦有人干涉,蜂蜜就反而没有了。虚荣、妒忌和贪婪会让蜂巢里的所有蜜蜂乐在其中,给我们创造出更多经济效益,获得源源不绝的蜂蜜。所以贪婪是好事,我们所需要的正是自利。

如果每一个人都是自私的,自私就会神奇地转化成对大家都好的事,蜜蜂的故事和亚当·斯密的故事是类似的。经济体中"看不见的手",会将每一个人的自我和贪婪转换为和谐与平衡。这一说法既为"人"赋予意义,也赦免了"人"的罪恶。透过贪婪与自我,你将能和他人和谐共存。

"没有坚定的信念,美国毫无意义——但我不在乎具体是什么样的信念。"美国的艾森豪威尔(Dwight D. Eisenhower)总统如是说。

引导经济运行的是一只"看不见的手",这个概念后来发展成一个迷思:市场可能导致历史的终结。当每个人的经济利益与其他人密不可分时,所有人就有了共同的经济利益,这样的共同利益使得曾经的冲突不再发生。共同利益让种族冲突淡化,甚至让人忘记仇恨,这一切都因为那只"看不见的手",它会帮助人们获取利益,而不是制造战争,就好像这两者毫无关联似的。

然而,20 世纪以来的各种血淋淋的事件告诉我们,人类没有那么简单。上述说法只是一个动听的故事,尽管鲜有人质疑。

很多时候我们都不会深入探究，而且由着自己的性子行动。

只要利用一点点人类最简单的、正常的基本情感力量，市场机制就可以为所有人创造幸福与世界和平。这说辞确实太有诱惑力了，难怪市场理念打动了每一个人。

在经济人理论中，再也不存在剥削了。如果一名女性辛勤劳动却只有 6 美元的时薪，原因不是雇主的邪恶，与社会更没有什么关系。没有人有罪！没有人需要对此负责！经济原理就是这样的！而且经济原理就在你的人性里，就是你的本质！所有人都是经济人。

第三章

显然经济人不是女性

第三章

男人一向拥有可以根据自利动机行事的权利,无论是在经济生活里,还是在家庭生活里面。然而,这对女性而言,绝对是禁忌。

如果不是彻底禁止。

女性被分配去照料其他人,而非追求自己最大的利益。女性被告知她不可能是理性的,因为她有生理期,还要生育,这样的身体完全不理性。

女性常常因为欲望和贪婪,受到比男性更严厉的批评。一旦女性身上被发现这些特质,马上就被视为反常的、危险的,甚至会带来灭顶之灾。英国作家瑞贝卡·薇思特(Rebecca West)写道:"无论什么时候,只要我表达出和逆来顺受的可怜虫或妓女不同的观点,人们就说我是女权主义者。"女性从未被允许和男性一样追求自利。

如果经济学是一门关于自利的科学,那么,女性的位置何在?

答案是,男性可以代表自利,女性代表那些因为脆弱而不得不"少用的爱",最终,经济学就把她们排除在外了。

经济的英文"economy"源自希腊语的"oikos",原意是

"家"的意思。尽管如此,经济学家对于发生在家里的事从未有过丝毫兴趣。在他们看来,女性更适合在"家"这样的私领域中,发挥她们自我牺牲的特质,因此女性和经济无关。

生儿育女、打扫卫生、洗烫衣物,这些活动没有生产出可供购买或交易的有形产品。因此,19世纪的经济学家认为这些事无助于社会繁荣,而可促进繁荣的必须是可运输的、有限供应的、能直接或间接带来愉悦或缓解痛苦的产品或服务。

根据这一定义,女性奉献自我所做的一切,就完全被整个社会视而不见了。

男性的劳动成果可以累积起来用金钱衡量,可是女性的工作成果则无影无踪。打扫干净的空间,没多久又积满了灰尘;填饱了的肚子,下一顿又饿了;哄睡着了的孩子,过不了一会儿就会醒来。午饭后洗碗盘,洗完碗盘又要做晚饭,于是又有了更多的脏碗盘。

家务事的特点,就是循环往复、无穷无尽。因此,女性的工作不被认为是"经济性活动"。她们所做的事,不过就是女性热爱家庭和追求美好生活特性的合理延伸而已。她们会一直做这些事,我们也不需要花时间去计算她们做了什么、产生了什么价值。她们不是出于经济逻辑而工作,而是出于女性的天性。

20世纪50年代,上述观点发生了变化。芝加哥大学经济系的学者们提出了一个观点,所有的人类活动都可以用经济模型来描述,女性经济活动也包括在内。他们认为,每个个体都是理性的,无论是为奖金展开竞争,还是买车时与

汽车经销商讨价还价,都是理性的表现。不仅如此,女性们清理沙发、洗好衣服拿去晾干,或是生儿育女,同样也是理性的表现。在这些经济学家中,最有名的当属来自宾夕法尼亚的年轻人加里·贝克尔[①](Gary Becker)。

在芝加哥大学,贝克尔与其他研究人员开始将家务劳动和家庭生活,以及对这些活动的歧视等现象纳入经济模型之中。

将家务活动等因素纳入考量,这件事居然是芝加哥大学首开先河的,实在让人意外。芝加哥大学一直以来都是以"冷酷无情"著称的新自由主义[②]主张而闻名,更是经济狂热的代表。

芝加哥大学经济系在二战后蓬勃发展,并成为抨击政府介入市场活动的观点的大本营。从要求放宽管制到减税,位于密歇根湖畔的芝加哥大学不断发声。让著名右翼政治家撒切尔夫人顶礼膜拜的著名经济学家米尔顿·弗里德曼[③]

[①] 加里·贝克尔(1930—2014),美国著名经济学家、社会学家,1992年诺贝尔经济学奖得主。在他所有的论著中,《生育率的经济分析》是当代西方人口经济学的创始之作;《人力资本》是西方人力资本理论的经典,是席卷20世纪60年代经济学界"经济思想上的人力投资革命"的起点;《家庭论》1981年在哈佛大学出版社出版时被该社称为贝克尔有关家庭问题的一本划时代的著作,是微观人口经济学的代表作。因而,这三部著作被西方经济学者称为"经典性"论著,具有深远的影响。

[②] 新自由主义(neoliberalism)于20世纪六七十年代兴起,neo是"复兴"的意思,是对应于凯恩斯的 New Liberalism 而言的;而 New Liberalism 是对应于亚当·斯密的古典自由主义而来的。

[③] 米尔顿·弗里德曼(1912—2006),美国当代经济学家,芝加哥大学教授,芝加哥经济学派代表人物之一,货币学派的代表人物,以主张自由放任的资本主义而闻名,1976年获诺贝尔经济学奖。

(Milton Friedman)1946年来到芝加哥大学;他的友人乔治·斯蒂格勒①(George Stigler)则在1958年来到此地。

那么,为何经济学家(尤其是芝加哥大学的学者们)开始关心起女性呢?

1979年,法国哲学家米歇尔·福柯②(Michel Foucault)在巴黎的法兰西学院(Collège de France)开设了系列讲座,同一年撒切尔夫人成为英国首相,这意味着新右派主张取得了合法地位,开始成为正统。这让福柯忧心忡忡。在系列讲座中,他经常提到芝加哥学派的贝克尔,以及他提出的用经济逻辑来分析社会的概念。贝克尔认为每个人都是经济人,社会的各个方面本质上都是经济学,因此运用经济逻辑便能理解世界,他甚至认为经济学可以被扩充成为用来解释整个世界的理论。

福柯认为贝克尔是个很有意思的杰出人才,但觉得他过于极端了,因为即便是最新兴的新自由主义右派,也无法接受贝克尔主张的"经济帝国主义(economic imperialism)"理论。13年后的1992年,贝克尔获得诺贝尔经济学奖。

1992年,福柯去世7年后,贝克尔关于经济学的定义(即经济逻辑可以用来解释整个世界)成为普世的认知。"每个人都是经济人"的观念深入人心,经济学家也不再在意活动"是否生产出有形产品"或"是否可以标上价码"。在经济学

---

① 乔治·斯蒂格勒(1911—1991),美国著名经济学家、经济学史家,芝加哥大学教授,同弗里德曼一起为芝加哥经济学派的领袖人物,1982年获诺贝尔经济学奖。

② 米歇尔·福柯(1926—1984),法国哲学家和思想史学家。

家眼中,在这个经济人构成的世界中,万物都有价码——唯一的差别只是币种不同,于是,传统上那些女性负担的工作顿时也可以纳入经济模型分析了。

芝加哥学派的经济学家确实首次认真地把女性纳入经济学考量,但他们的具体做法值得商榷。美国经济学家芭芭拉·伯格曼①(Barbara Bergmann)就曾评价:如果说他们(指经济学家们)"没有女权主义倾向的话,就好像说孟加拉虎不吃素那样,没什么意义"。

芝加哥学派的经济学家审视了社会指定给女性的领域后,运用经济模型这个工具,把他们早有定论的答案揭示给大家:所有人皆是经济人。只要有了这个基础,世界就有了最理想的秩序安排:符合所有事物的本质,客观、一清二楚,一切皆属必然。

的确,几千年来具有政治经济权力的社会把女性系统地排除在外,但这是无心之过。女性当然像男性一样也是经济人,男性独立、孤立、喜爱竞争,女性也可以一样,而且,准确来说,女性一定是这样的!

依据同样的经济逻辑,芝加哥学派的经济学家提出了全新问题:人为何结婚?为了效用最大化。为何生儿育女?也是为了效用最大化。为何离婚?还是为了效用最大化。这些经济学家把这一切列成算式、写出方程式,然后大声欢呼:你看,你看,模型有效!而且把女性也纳入进来了。

---

① 芭芭拉·伯格曼(1927—2015),著名女性经济学家,主要研究方向是对劳动力市场歧视的相关经济学分析。

第三章

市场可以解释一切。

如果女性工资比较低,经济学家推断那必然是女性就值那么多。因为这是一个理性的世界,而且市场永远是对的——既然女性赚多少钱是由市场决定的,那一定就是因为女性就只值这么多钱。经济学家的任务就是负责解释一切:市场是如何对女性薪资做出正确评价的。

芝加哥学派的经济学家推断,女性的薪资低,是因为女性的生产力较低。尽管女性既不懒惰也不笨,但是对女性而言,在工作中像男性一样努力并不明智,毕竟女性必须为了生育而中断职业生涯好几年。因此她们没有理由和男性一样努力,也不会去接受更高水平的教育来提升能力。由此可见,女性在职业上的投入较少,薪资较低是理所当然的。

这个推断看上去极富说服力。然而,当我们回到现实中的时候,马上发现这样的解释显然站不住脚。许多女性受教育水平和男性一样,但她们的薪资还是较低——而且,不管她们如何努力,结果还是这样。看来这其中似乎存在着某种"歧视",对此,芝加哥学派的经济学家又做何解释?

贝克尔用来解释种族歧视的理论,可能是这个学派中最著名的观点。他认为之所以出现种族歧视,其实只是某些人不想跟黑人混在一起。但是,既然人都是理性的,而歧视又客观存在,这只能推断歧视行为也是理性的。

贝克尔进一步说明,如果某个种族主义者不愿去有黑人侍者的餐厅消费,这和他喜欢在咖啡中加 4 份牛奶没啥区别。因为店里有黑人侍者吓跑了某些顾客,店主为了弥补损失,只好选择降低黑人侍者的薪资。而且,带有种族主义倾向的白人员工也会要求补偿,因为他们不得不和黑人一起工作。另一方面,种族主义客户还可能要求店家降价。如果你既打算聘用黑人员工,又希望种族主义客户仍旧进店消费,你就必须补偿客户。综上所述,正是这些因素拉低了黑人的薪资水平。

贝克尔认为,尽管歧视让人不悦,但他仍坚信市场最终会解决所有问题,所有人只要袖手旁观,耐心等待即可。

一家只招待白人顾客的商家,会被另一家不区分顾客的商家击败,因为后者雇用黑人,所以人力成本较低,利润更高。此外,企业会发现把肤色不同的员工分开来会降低成本,同一家公司的黑人员工和白人员工可以在不同店面工作,这样一来,雇主就不用提高薪资来补偿有种族主义倾向的白人员工。换句话说,一切都将会随着时间的推移变得公平,每一个人的薪资也都会随着时间的推移而降低。

问题是,结果并不如经济学家所预期,对黑人或女性的歧视从未停止。不过对于性别歧视,学者们还另有说辞。以下是贝克尔关于家务活动的理论:

已婚妇女下班回家后都干些什么呢?清洗灶台、熨烫衣物,陪孩子做功课。已婚男性下班回家后又做些什么呢?在贝克尔的想象中,他们看报纸、看电视,或许陪孩子玩耍一会儿。

职业妇女在家务上花掉了更多的时间,女性在家中所做的讲故事、清洗灶台这些工作,远比男性看报纸、电视更累。既然女性下班干的活比上班还累,上班时肯定无法像男性那么努力,因此贝克尔解释了为何女性薪资较低是合理的。

当然,其他经济学家也有相反观点:女性之所以要负担更多的家务,就是因为她们的薪资较低。由于薪资较低,让女性留在家里做家务,整个家庭的损失就比较低。

换句话说,女性因为要负担更多的家务,所以薪资较低;因为薪资较低,所以女性就应该留在家中,承担更多的家务。

芝加哥学派陷入了循环怪圈。

很多关于女性和家务事之间关系的理论,大多认为女性天生就适合做家务事。如果有较多女性负责洗碗刷盘、照顾孩子或是家庭采购,那可能确实说明这是家庭中最有效率的分工方式。经济学家在为家庭构建模型时,把家庭当成具有单一意志的独立单位,就像是一家独立于共享效用函数(utility function)之外行事的小型企业。

男人拿公文包,女人拿隔热手套,是因为女人擅长家务。如果是换成男人做家务,效率就会下降,整个家庭就会因此而遭受损失。经济学家就是这么断定的。如果女性没有照料好家庭,是否就应该换成男性做家务呢?经济学家不同意这个观点。

经济学家从未证明过女性为何相对男性更适合做家务,唯一的论述就是女性天生如此。

人们在探讨父权的合法性时,都会回到生理层面。作为人类,身体必须服从理智的安排,由于社会普遍认为女性无法做到这一点,因此就被理所当然地剥夺了人权。于是女性成了"身体",男性则是"灵魂"。"身体"被现实越缚越紧,"灵魂"却愈来愈超脱。

换言之,芝加哥学派的经济学家把一切都归因于生理差异。18世纪以来,任何事物一旦被认为是上天的安排,也就意味着既不能够也不应该再做任何改变。其实生理差异本身并没有问题,问题在于我们从中得出了什么结论。女性确实承担了生育和养育孩子的工作,但不能就此把养育孩子的职责全部划归于女性,女性就应该留在家里照料孩子,直到孩子上大学。

女性体内分泌的激素里有更多的雌激素,但这并不代表她就不能教授数学,更不代表她就不能作为董事会成员去管理一个跨国企业。

"心理分析之父"弗洛伊德[①](Sigmund Freud)认为,女性之所以天生善于打扫,是因为女性生殖器不洁净。女性搓洗、擦拭和除尘等清扫动作,可以弥补自己对身体的不适感。但现代科学的发展表明,弗洛伊德先生似乎并不真正了解女性的生殖系统。

女性的生殖系统有一套非常精细的自我调节系统,其洁净程度甚至超过了我们身体的许多器官,比如嘴巴。无数的乳酸菌在器官中全天候保持工作状态,确保清洁。女性健康阴道的酸碱度[②]会稍低于黑咖啡($pH=5$),但高于柠檬($pH=2$)。弗洛伊德先生如果了解了以上知识,不知是否会为其原本的观点汗颜。

并不存在任何生理因素的原因,导致女性比较适合做无报酬的家务事,或者是故意用家务事把自己弄得精疲力竭,

---

① 西格蒙德·弗洛伊德(1856—1939),奥地利精神分析学家,精神分析学创始人。

② 酸碱度指水溶液的酸碱性强弱程度,用 pH 来表示。热力学标准状况下,$pH=7$ 的水溶液呈中性,$pH<7$ 显酸性,$pH>7$ 显碱性。

以便在公司里证明男性的薪水应该比女性高。由此可见,如果想在生理因素之外找到经济权力与男性之间的必然关系,看来要另辟蹊径。

芝加哥学派的经济学家甚至也开始质疑,家庭成员间的专业化分工真的是理性的吗?一个人完全负责家务,另一个全身心投入事业,真的最有"价值"吗?我们假设这个世界是完全理性的,但在一个家庭中,一个人把所有的时间都花在无偿的家务事上,另一个人则全身心地从事有薪的外部工作,这算得上理性吗?这样的分工模式真的有效率吗?

若你有14个孩子,家里没有洗碗机,清洗尿布要在园子里放个大盆,如果家务事又多又重、费时费力,那么,由一个人专门负责可能确实比较有效率。因为这些工作艰难且复杂,当一个人长期从事这些工作并不断积累经验后,就能做得既快又好。这时如果有一个人专职负责家务事,就会提高家庭的整体生产力。但现代社会大多为子女数量较少的小家庭,专职分工可能就带不来那么大的好处了。就算你积累10年的经验,按洗碗机按键或更换吸尘器集尘袋的速度也不可能快到哪里去。但是,芝加哥学派的经济学家们似乎还是没有想到这一步。

经济学家还假设一个人做家务所积累的经验,在公开市场里完全没有用处。他们推论,当一个人为了家庭而放弃了在职场上积累资历的时候,赚得比较少就是理所当然的事了。换句话说,无论你从无报酬的家务中学到了什么,最多都只能用在家庭环境中。

然而,谁说你不能因为持家有道而成为一个更出色的主管？谁说带小孩就不能成为犀利的分析师？其实当你为人父母时,你不得不经常变身多人——经济学家、外交官、杂务工、政治人物、厨师和护理师等,这些角色你在家里都经常扮演。

玩耍、耐心、妥协,这些都是你和孩子们相处所需要的,还要面对孩子们的难题轰炸:"妈妈,天空为什么是蓝色的?""爸爸,袋鼠为什么要把宝宝放在肚子里?""妈妈,永远有多长?"

如果芝加哥学派的经济学家假设一个家庭里只有一套共有的效用函数,那么家里的所有冲突就都不存在了。事实上,从外面赚钱这件事会影响家庭内部的权力关系,这一关系又会影响家庭的很多决策。因为付账单用的是爸爸赚来的钱,妈妈也就没有了发言权。

任何地方都存在着竞争和购买力,唯独在家庭内例外,这真是个荒谬的假设。家庭和其他部分一样,都是经济体的一环。

经济学家的结论永远基于一点:女性成为附属品,这是理性的选择。全世界女性的经济地位都比较低,可见一定是出于自由选择的结果,没有其他原因可以造成这个结果。

经济学理论中的个体画像中,看不到性别的差异。尽管这样,经济人却拥有文化传统上归诸男性的每一项特质:理性、冷漠、客观、竞争、孤独、独立、自私、受常识影响,而且总是在征服世界。

他知道自己想要什么,而且不断为之努力。

感性的、敏感的、依赖的、亲情的、自我牺牲的、温柔的、自然的、难以捉摸的、被动的,看上去与经济人毫无关系的特质，都是传统上让我们联想到女性的因素。

"这些都只是巧合。"经济学家这样解释。

当芝加哥学派的经济学家意识到女性的存在，将女性纳入经济学模型时，便把她们当成男性一样看待，但这么做的难度远远超出了贝克尔的预期。从亚当·斯密开始，相关理论里描述的经济人，从来都与"依赖""关心""体贴"这些特质无关。经济人之所以能代表理性与自由，正是因为有别人代表了与之相反的一切。之所以能说自利驱动了这个世界，也是因为有其他的力量带动了另一个世界。这两个世界同时独立存在，一个是男性的世界，另一个是女性的世界。

如果你希望成为经济学理论中的个体，你必须像一个经济人，你也必须接受男性特质的设定。与此同时，经济学也必定构建了另一套"故事"。被经济人排除的部分，就是为了要让经济人能成为"经济人"。

别人要感性，他才能理性；别人要有形体，他才能不拘于形体；别人要依赖，他才能独立；别人要脆弱，他才能征服世界；别人要自我牺牲，他才能自私。

反正会有人替亚当·斯密煎好牛排，正因如此，他才能说提供晚餐的人是谁并不重要。

第四章

人和经济人之间的协议并不如预期

第四章

伍迪·艾伦①(Woody Allen)说:"经济学谈论的就是钱及其重要性。"不过事情并没有那么简单。

英国经济学家约翰·梅纳德·凯恩斯②(John Maynard Keynes)曾经在其发表的文章里算过一笔账,航海家弗朗西斯·德雷克③(Francis Drake)1580年把他们从西班牙抢来的战利品献给了英国女王,这笔战利品经过350年后,当年的1英镑变成了10万英镑。这样算来,这笔财富大致相当于全盛时期的大英帝国在欧洲以外区域所有财富的总和。

凯恩斯的这篇文章写于1930年,在此之前的1929年,华尔街大崩盘,全世界经济陷入大萧条(Great Depression)时期,美国破产银行的总数达到11000多家,失业率接近25%,约有一半的美国儿童缺衣少食,经济萧条的影响扩及全球,全球贸易遭受巨大打击。与此同时,法西斯主义大步迈进,黑暗笼罩了全欧洲。凯恩斯的故乡在英国,而英国的经济衰

---

① 伍迪·艾伦,本名艾伦·斯图尔特·康尼斯堡(Allen Stewart Konigsberg,1935—),美国导演、编剧、演员,美国艺术文学院荣誉成员。

② 约翰·梅纳德·凯恩斯(1883—1946),现代西方经济学最有影响的经济学家之一。

③ 弗朗西斯·德雷克(1540—1596),英国著名的私掠船船长、航海家,伊丽莎白时代的政治家。

退其实比美国更早,从1925年即已陷入衰退。在这个绝对算不上无忧无虑的时代里,凯恩斯显然是个乐观主义者。

凯恩斯认为,让德雷克抢来的财物得以不断增值的投资方式(伊丽莎白女王一生都投资有道),也可以用来解决20世纪的经济问题。只要我们正确投资,财富就会不断增长,如此这般利上加利,一个世纪之后,就不会再有人挨饿受冻了。

这个世界的所有经济问题都可以解决。那些质量低下的房屋、食物的短缺、医疗保健系统的无效,所有的贫穷、绝望、饥饿,吃不饱饭的孩子、眼神空洞的大人,这一切的经济问题都将成为"过去的不幸"和"贫瘠时代的记忆",人类社会发展可以解决、也必须解决这些问题。

解决问题的办法被称为经济成长。只要我们能让经济成长,人们(至少是欧美人民)在2030年之前都可以高枕无忧。根据凯恩斯的计算,增长会让我们的生活愈来愈好,到最后每个人都不用工作。为了打发时间,大家可转而投身艺术、诗词、哲学,思考灵魂价值,享受生活乐趣,欣赏"原野里的百合花"[1],凯恩斯这样描绘道。

---

[1] 原野里的百合花:凯恩斯在其1930年发表的《我们子孙后代的经济可能性》(*Economic Possibilities for Our Grandchildren*)中写道:"我设想在不久的将来,将发生一次人类历史上最重大的变革。当然,这种变革是渐进式的,绝不是灭顶之灾。实际上,这种进步早已经开始了。将要发生的事很简单,就是对越来越多的阶层和团体来说,必要的经济能力已经不成为问题。"据凯恩斯估计,这种变革将在100年之内发生,也就是2030年之前。当这种变革发生之后,凯恩斯写道:"我们将自由回归到一些最安全、最持久的信仰和传统价值观——我们必须尊重那些教会我们如何充分利用每一寸光阴的人,那些可敬的人懂得享受生活中美好的事物,比如欣赏原野里的百合花。"后来,原野里的百合花经常用来代表理想中的经济发展阶段,并进而延伸到代表美好的事物。

看来，经济成长只是路径，"原野里的百合花"才是最终目标。

凯恩斯的期望终究落空。

1930年，当凯恩斯在伦敦布鲁姆斯伯里（Bloomsbury）写作时，他显然认为人们必须围绕着"市场"来安排自己的人生，因为如果打算解决全世界的物资难题，只有依靠市场。不过凯恩斯也认为，市场同时也给我们带来了很多不太让人满意的副产品。

这些副产品包括忌妒、贪婪和为此而展开的竞争。在过去200年里，我们不停地弘扬这些价值观，把它们当作最高水平品德的象征。这位来自英国的经济学家写道，没有我行我素的蜜蜂，就没有了蜂蜜，因此我们别无选择。我们明知不公平却假装公平，认为不公平是公平的，因为不公平有用，但公平无用。贪婪最有用！

和亚当·斯密一样，凯恩斯也认为"爱"很稀有，自利才是驱动经济这列火车不断向前奔驰的火车头。贫穷的压力使得经济发展必须向前冲，百合花、灵魂价值以及其他的一切都可以等待，满足物质需求才是首要大事。连圣雄甘地① (Mahatma Gandhi)都说："世界上还有很多人挨饿忍饥，除了化身面包，上帝无法以任何形式出现。"

---

① 圣雄甘地（1869—1948），即莫罕达斯·卡拉姆昌德·甘地 (Mohandas Karamchand Gandhi,)，印度民族解放运动的领导人，印度国民大会党领袖。甘地是印度国父，也是提倡非暴力抵抗的现代政治学说——甘地主义的创始人。

经济人和他代表的理想可以让我们变得富有,富起来之后就可以把他抛诸脑后,毕竟"经济成长是路径,原野里的百合花是最终目标",不过等一下,时间还没到,且慢享受。凯恩斯认为,经济人构建的社会让人厌恶,不过经济人虽然有用,但也是一个笨蛋——我们最终会有办法摆脱他,对他说:"谢了,别了。"

解决了所有的经济问题之后,可以回过头来审视一下"经济人"到底是个什么样的人。凯恩斯本人认为,经济人"具有半犯罪、半变态类型者的特质,其他人会一边发抖,一边把他交给精神病的专家"。

凯恩斯一直期盼着经济问题被彻底解决的那一天,人们无需考虑工作,而是投身于艺术,开始真正的生活。所有与经济体相关的问题就可以放在一边,交给专门的一小群专业人士负责,简单而言就像"牙科"一样。

"如果经济学家能设法让自己被认为是一个谦虚、能干的人,就像一名牙医,那就太好了!"这是凯恩斯写过的名言。

但是,他的希望大大落空了。

从某种角度而言,凯恩斯的判断完全正确,我们都变富有了。这个世界的经济发展超乎所有人的预期,从1930年那个令所有人沮丧的起点算起,世界经济的发展取得了长足的进步。凯恩斯确实是个乐观主义者,且深信成长的力量,但即便他再乐观,可能也无法想象全球经济发展的佼佼者竟然是现代中国!这个国家把9％的年增长率保持了30年,中产阶级人数在15年的时间里从1.74亿人增长成为8.06亿人。

第四章

中国的表现的确出色,但即使是西方世界,经济成长也超越了凯恩斯的预期。整体经济快速发展之外,其他如医学、生物化学、计算机、通信、交通等领域,也有着惊人的进展。如果把这些都归功于经济人,那么他确实值得赞叹。

依据凯恩斯的想象,接下来应该出现的美丽新世界包括宁静、幸福、原野里的百合花,还有谦虚、能干一如牙医的经济学家,但似乎都离现实还很遥远。

人类社会对于经济的执迷更胜以往,在凯恩斯的观点里,原本应放置一边以挪出空间容纳其他事物的"经济思维",反而更加深入地渗透到我们的文化内层。

按照凯恩斯的构想,我们可以和经济人所代表的理想(包括"自利"的思维和行为方式)订个契约:这些理想帮助我们创造繁荣,然后他们就功成身退,让我们过自己的人生。

我们确实过上了更好的生活,如果没有这些经济理想,这是不可能的。

经济人确实创造了繁荣,但他不肯退下来。他要接管这个世界。

经济人所代表的理想不让我们去追求凯恩斯所设想的艺术、灵魂层面,不愿退居幕后让我们享受人生;反而背道而驰,把经济学套用到一切事物上,甚至包括艺术、灵魂和享受人生。

现今的世界,经济思维无所不在。

书店、书报摊堆满了《魔鬼经济学》[①](*Freakonomics*)、

[①] 《魔鬼经济学》,作者是 Steven D. Levitt,Stephen J. Dubner。

《发现你内心的经济学家》①(Discover Your Inner Economist)之类的书,或者,来一本《用哈佛商学院学的知识在35岁之后嫁人》②(Find a Husband After 35: Using What I Learned at Harvard Business School)。畅销书教你灵活运用市场原则,无论是爱情生活还是下一次预约家庭医生,全都适用。全球销售量超过400万册的《魔鬼经济学》,其出发点就是可以运用市场逻辑解释一切,包括我们的思维和行为。有了经济学的帮助,一切都尽在掌握:小到香草冰淇淋的益处,大至生命的价值。

如果你既喜欢花点时间陪陪奶奶,也喜欢吃巧克力布丁,那么,依据标准经济学模型的计算,如果你永远无法再见到奶奶了,这个遗憾一定可以通过某个数量的巧克力布丁进行补偿。不仅如此,这些模型理论上可以让我们通晓一切。

这种趋势不仅充斥于科普书籍。在大学里,经济学分析的应用领域也越来越大,市场无处不在。从自杀(生命价值可以换算成企业价值来计算,自杀就相当于企业关门大吉)的经济学分析,到假装出来的性高潮(不用研究她的眼球上翻、脖子潮红、张嘴、弓背)都可以计算得出,无所不包。

不知道凯恩斯会如何看待大卫·格兰森③(David Galenson)之流的美国经济学家?格兰森研究出一套统计计算模型,用来计算艺术作品的价值,经过他的模型计算之后,《亚

---

① 《发现你内心的经济学家》,作者是 Cowen Tyler,乔治-梅森大学的经济学教授,美国新古典主义经济学的代表。
② 《用哈佛商学院学的知识在35岁之后嫁人》,作者 Rachel Greenwald 为著名作家。
③ 大卫·格兰森(1951—),芝加哥大学经济学教授。

维农的少女》①(*Les Demoiselles d'Avignon*)成为 20 世纪最具价值的艺术品。

事物一经量化为数字,马上就变得一清二楚。

这幅作品画的是西班牙巴塞罗那 Carrer D'Avinyò 街上的 5 名裸身妓女:侵略性的身体姿势,棱角分明且不连贯的身体线条,其中两人脸上还带着非洲风格的面具。格兰森说,这幅毕加索于 1907 年绘制完成的大型油画,是 20 世纪最重要的艺术作品,因为这幅画是最频繁作为书籍插画的作品,这一点显然是他的测量指标。经济分析原本是用来解释大蒜或绿色能源价格的,现在同样的模型正被用来解释我们的艺术体验。

经济学不再如凯恩斯所设想的那样,是为了让我们摆脱物质需求的束缚而享受艺术之乐的媒介和路径;经济学变成了一套逻辑,反而要求我们通过这套逻辑看待艺术了。哦,不仅是看待艺术,而是看待一切。

讨论是什么因素影响了艺术作品的经济价值,为何一件作品值 1200 万美元,而另一件值 1 亿美元,这是一回事;但如果把艺术与经济价值两者混为一谈,就是另一回事了。就像《艺术文化经济学》(*The Economics of Art and Culture*)的作者之一查尔斯·盖瑞②(Charles Gray)所持的观点:"我们都希望艺术要有其独特之处,但艺术价值有别于经济价值这种

---

① 《亚维农的少女》,西班牙画家巴伯罗·毕加索的代表作品之一,于 1907 年在西班牙某妓院中绘制。

② 查尔斯·盖瑞,美国圣托马斯大学经济学教授。

说法,我不能接受。"

于是有人主张,计量经济学的价值分析方法是唯一可以放之四海的分析方法。经济学不是帮助我们通过分析决定事物重要排序的科学,反之,经济逻辑成了我们看待事物的唯一标准。

凯恩斯原本希望的是,人类终究会和经济人解除契约,回归美好新世界。贪婪是好事,这句话我们只是说说而已。

即使经济不断成长,但要说彻底解决了"经济问题",还为时过早。如果我们玩个游戏,把世界经济的年增长部分平均分给全球65亿人,那么每个人可以分到11000美元,看上去没有人会挨饿了。这毕竟只是游戏,真实世界的情况就完全不同了。

全球一半人口每天的生活费不到2美元,其中绝大多数是女性。

贫穷是一个女性话题,对千百万女性来说,追求美好生活往往意味着要远走他乡,要远离自己的孩子,去照顾别人的孩子赚钱,担任清洁工、服务员、工厂工人、农业工人甚至性工作者,多是处在全球经济的黑暗面。

极富有的国家和极贫困的国家接壤,极富有的家庭几个街区之外就是极贫困的人家,无论是富裕国家还是贫穷国家,这种现象无处不在。经济全球化把西方女性与来自南半球和东半球的贫穷女性聚集在了一起。尽管她们常常共处在同一个屋檐下,却生活在完全不同的两个世界。她们的身份可能是老板和员工,或者是主人与仆人。

每年约有50万名女性死于分娩,如果能享受到医疗服务的话,这些人原本都可以存活下来。虽然每一个国际组织

第四章

都有着冠冕堂皇的宣言,声称女性是发展中国家经济成长的关键,但所有国家对于女性受教育与医疗保健的投资依旧裹足不前。即使是最富裕的美国,女性死于分娩的风险同样居高不下,分娩安全系数排在全球 40 名之外。

男人的生命很宝贵,女人的生命只有和男人有关的部分才宝贵。男性在医疗保健和食物获得方面有优先权,这也是北非、南亚等国家或地区女性死亡率极高的原因。男孩对家庭而言更具经济价值,因此,很多人利用现代科技辨别子宫中胚胎的性别。南亚与韩国女婴会因为性别而遭堕胎,新加坡也有类似情况。

经济学家阿马蒂亚·森①(Amartya Sen)算过,如果女性也获得同样的照料与营养,这个世界将会多出 1 亿名女性。

这 1 亿名"消失的女性"是系统运作出来的最极端结果,另外有 70% 的穷人都是女性。在这套体系之下,美国前 1% 的富人赚得了 25% 的财富;香港、棕榈泉和布达佩斯的富裕家庭会雇佣保姆打扫卫生和照顾孩子,而保姆却居住在贫民窟。

当今的经济问题是凯恩斯预想不到的。当南半球的穷人死于营养不良时,西方富人却因过度肥胖而困扰。美国富裕的加利福尼亚州,在监狱上的投入超过了大学。父母们为了家庭努力工作,忙得没有时间见家人。每个人都担心钱不够用,中产阶级也不例外。

在此同时,我们还幻想存在着一群消费无止尽、且完全与社会隔离的精英。其实这些人的存在,本身就是不现实的

---

① 阿马蒂亚·森,印度经济学家,1998 年诺贝尔经济学奖获得者。

一种梦想,不现实的程度超过了凯恩斯讲的"百合花"。这位知名的经济学家曾经假设,当人更富有之时,将会减少工作,同时减少消费。

想想看,一个人能错到多离谱。

1991年12月12日,劳伦斯·萨默斯①(Lawrence Summers)还没当上克林顿政府的财政部长,也没当上哈佛大学校长或奥巴马的国家经济委员会主席。当时担任世界银行(World Bank)首席经济学家的萨默斯签署了一份内部备忘录。

"私下坦白说,"萨默斯写道,"世界银行难道不应该鼓励更多污染产业转向低度发展国家吗?"他继续补充道:"我一向认为人口稀少的非洲国家污染程度太低了……我认为,把有毒废弃物大量倾泻到薪水极低的国家,这在经济逻辑上无懈可击,我们应该勇于面对这件事。"

后来确认,这份备忘录并非萨默斯本人所写,而是由手下的一位年轻经济学家执笔,萨默斯阅读了内容,认可了文件的观点,为了增加文件的分量,在文件上签署了自己的名字,之后萨默斯在多个场合强力捍卫了备忘录所表达的意见。

经济逻辑本身当然是"无懈可击"的,但重点是萨默斯坚持这个逻辑适用于向低度发展国家倾倒有毒废弃物这一思

---

① 劳伦斯·萨默斯(1954—),美国著名经济学家,美国国家经济委员会主席。在克林顿执政时期担任第71任美国财政部长,曾任哈佛大学校长。

第四章

路,甚至无须考虑背后的脉络。这份备忘录最后激发公愤,备忘录泄漏到媒体手上,环保人士群情激愤。世界银行这类联合国机构怎么会提出这种主张?我们应该把废弃物倒给穷人?

刊出萨默斯备忘录的《经济学人》①(Economist)杂志,处理问题的方式很有技巧,他们一方面认为那份文件"尽管只是一份内部备忘录,但依旧非常愚蠢";另一方面他们也认为"其中的经济逻辑"就像萨默斯说的——"无懈可击"。

对于没有学过基本经济学的人而言,"经济逻辑"这个概念让人费解。我们首先要了解"经济逻辑"显然并非只是一种逻辑,而是一套说明人类存在意义的大道理。

经济性是人类的核心动机,而最了解人类的就是经济学家。他们告诉我们整个世界是如何按照最有利于人类本性的方式运作的,目的就是从物质中获利——找到最低价格,且不惜一切代价。

萨默斯认为,如果能把污染性产业从德国的法兰克福(Frankfurt)迁移到肯尼亚的蒙巴萨(Mombasa),那么两地居民都能受惠——法兰克福会拥有更健康的环境;蒙巴萨则获得更多的就业机会,当然他们得承受污染。

这听起来愚蠢,却是经济学家要表达的重点:其他人的表达或许更好听些,但只有经济学家的论述才是事实。经济学的标准模型说,不管想不想,我们每一个人都是经济人。

---

① 《经济学人》是一份由伦敦经济学人报纸有限公司出版的杂志,于1843年9月由詹姆士·威尔逊创办。

第四章

和法兰克福的居民受到的影响一样,有害废弃物当然会给蒙巴萨的居民带来环境问题,但萨默斯的备忘录写道:"基于美学与健康理由的环境洁净需求,其收入弹性(income elasticity)很可能极大。"他举了一个例子,如果因环境污染导致的前列腺癌风险提高,对于人均寿命较长、较大可能患前列腺癌的居民来说会比较糟糕,但对于那些儿童5岁前死亡率高达20%的国家而言,他们还有更重要的事要担心。

西方国家把更高的罹患前列腺癌风险随废弃物一起出口,而那是蒙巴萨居民顾不上担心的问题。他们需要钱,需要就业机会,因此他们会接受。肯尼亚人民接受了,就说明这个做法一定是理性的,因为人的一切作为必然符合理性。

经济学家说,让我们想象一下,肯尼亚不是一个国家,而是一个人。我们可以把一个国家想象成一个人,国家的行为就像理性的个体一样。然后把德国也想成一个理性的个体,我们称肯尼亚为"肯先生",德国为"德先生"。

肯先生又穷又饿,德先生富有而饱足,德先生有大量的放射性废弃物要丢,于是德先生给了肯先生200欧元,请他收下这些废弃物。

200欧元对德先生来说是小意思,对肯先生来说却是天价。由于肯先生不在乎这些废弃物有辐射(解决饥饿问题是他的首要问题),他接受了这项交易。如此一来,每个人都可以更富有,每个人能够都更开心,每个人都成了赢家。

前述推断都基于一个假设:每一个人都是从经济角度思考、理性行事的个体,而且具有明确又稳定不变的偏好。经济模型排除了很多因素,比方说,如果德先生没有肯先生这个选项,而必须在法兰克福公寓里和自己制造出来的垃圾共存,那会如何?这样的话,或许德先生会努力找到针对这一问题的长期技术性解决方案。

前述例子中,德先生的选择只有一个,就是把这个问题转给肯先生;而肯先生的教育水平又太低,不可能自己找出解决方案。这样一来,这个世界将永远找不出环境问题的解决之道。长此以往,人类社会必然有所损失,难道这就是我们想要的理性?

经济模型会忽略很多事,前述的这些可能性只是其中之一。此外,模型也不在乎肯先生到底有多饿,反正假设他无论如何都是理性的、精于计算的个体,完全能掌控自己的所作所为。他同意成为德先生的垃圾堆,因为这么做是理性的。看起来无懈可击的经济逻辑,其实只看到这两个生存在不同"荒岛"的"人",各自只考虑自己的需求,没有背景、没有脉络、没有未来、没有联系。

何塞·卢岑贝格[①](Jose Lutzenberger)担任巴西环境部长时曾致函萨默斯,他写道:"您的主张非常合乎逻辑,却是全然的疯狂。"

无懈可击的经济逻辑是一回事,中国贵屿镇周边环境又是另一回事。每年有 100 万吨的电子垃圾被送往中国广东

---

① 何塞·卢岑贝格,1988 年因其在拯救热带雨林斗争中作出的突出贡献而被授予诺贝尔特别奖(生存权利奖)。1990~1992 年任巴西环境部长。

省的贵屿镇,那里有15万人的工作就是负责分类与拆解,其中多数都是小型家庭企业,很多工人都是女性。

电脑、显示器、打印机、DVD、复印机、汽车电池、微波炉、喇叭、充电器和电话机,琳琅满目。工人利用小型工具和双手,他们把什么都拆光了。他们冲洗电路板以回收芯片,焚烧电线以淬炼金属。为了萃取出微芯片中的黄金,还必须用具有腐蚀性的有毒酸性溶液加以浸泡。小镇附近的土壤里充满了铅、铬、锡以及其他重金属。①

中国已经签署了巴塞尔公约(Basel Convention),禁止进口电子垃圾,也反对将电子垃圾运到贫穷国家。但目前为止这项公约并未真正起作用,美国90%的电子垃圾都出口到中国或尼日利亚。

经济逻辑或许无懈可击。但贵屿镇的水价是旁边陈店镇的10倍,贵屿人只能到陈店镇买水,他们自己的水不能饮用。

在凯恩斯出现的80年后,没有人再将经济学的目的定义为解决这个世界的贫穷问题。

当面临选择时,无论是贫与富、强权与弱势、工人与企

---

① 20世纪90年代,随着小家电的盛行,广东省汕头市的贵屿镇开始出现小规模家庭作坊从事小家电废品的无序拆解,将废品中含有的可再利用物质提炼出来。贵屿镇因此被称为"电子垃圾拆解第一镇",然而与之相生相伴的却是重度污染。在国家和广东省的高度重视下,当地政府对贵屿镇的环境进行了综合整治。2018年11月10日,联合国副秘书长埃里克·索尔海姆在上海举办的"大地女神"第四期国际联合行动总结会上,特别提及贵屿镇,强调一度是"世界电子垃圾倾倒场"的贵屿镇,在中国实施"禁废令"以及一系列相关举措之后蜕变,其坏名声"成为历史"。

业,还是男人与女人,经济学家几十年来的立场都一致:凡是对富有和强权有利的,一概都"有利于整体经济"。与此同时,经济学也越来越趋于抽象:虚拟家庭、虚拟企业和虚拟市场,所有一切的基础都是"经济人"。

经济学家致力于把经济模型应用到所有领域,却越来越少地真正研究市场如何运作。

凯恩斯担心的问题根本无从解决,甚至变得无人提及。

当每一个人都是理性个体,种族、阶级与性别就不再重要。因为每个人都被认为是自由人,智利女性是自愿暴露在杀虫剂下采摘果实,即使这将导致她们两年后生下的孩子神经受损;摩洛哥女性自愿为了打工强迫大女儿辍学以照顾弟妹……每个人都被当作理性人,是在完全了解自己行为后果的前提下,做出的最佳决策。

经济学家相信,他们已经模拟了最深层次的人类行为动机。经济模型的批评者"客气"地说道:"只要善于摆弄数据,经济学模型最后都会显露一个想要的事实——都是经济人!"

一套逻辑,一个世界,一种存在。还有什么"百合花"呢?

第五章

加入女性,再好好搅和一下

第五章

"我才是这栋大楼里的老大。"美国最令人敬畏的女企业家朱迪思·雷根①(Judith Regan)曾在自己出版社的办公室里咆哮。

"我们正在成为过去我们想嫁的男人。"20世纪70年代女性运动人士如此昭告天下。

女性从原来"想拥有一个男人"变为"想拥有男人所有的东西",尽管观念有所变化,但对象仍旧相同:男人。

"我们做到了!"2010年《经济学人》杂志在新年刊的封面上欢呼。如今,经济合作与发展组织②(OECD)成员里的女性已经在很多方面超越了男性,如拥有大学毕业生的数量等。在多数富裕国家里,女性比以往更努力追求事业,在许多曾经把女性当作二等公民的企业里,如今女性反倒成了当家人。

然而,追求全职事业的女性仍建立在有全职家务帮手的

---

① 朱迪思·雷根(1953—),美国著名编辑、制片人和出版商。
② 经济合作与发展组织(Organization for Economic Cooperation and Development,OECD),由多个国家组成的政府间国际组织,总部设于巴黎。

基础上,只有负担得起全职家务帮手费用的女性才能全职工作。但是谁来打扫清洁工的家呢?谁来照顾保姆的孩子呢?这些同样是重要的议题,让我们通过一条复杂的全球看护工作链条,试着找寻答案。

目前,全球移民中一半以上是女性,在某些国家这个数字甚至达到80%~90%。她们所面对的是长时间工作和极低薪资,所从事的家务工作往往辛苦、孤独且雇主的行为无人监管。她们通常住在别人家里,看起来是家庭一份子,其实根本就是一个外人。

她们的工作质量,很大程度取决于她们与雇主的关系。如果和雇主家庭关系紧密,就能成为一个好保姆。孩子们与保姆相处的时间,超过与妈妈相处的时间,更不用说一定远超和爸爸相处的时间。有时候孩子们会更亲近他们的保姆。但与雇主家庭关系过于密切也不太好,当需要重新协商工作条件和薪资时,保姆们可能碍于关系难以启齿。要完全区分不同角色几乎是不可能的,她们是出于自利而工作,还是出于对孩子的爱而工作?或者两者皆有?当保姆们抹不开面子时,雇主却经常利用这样的困境占保姆的便宜。

如果保姆表现不好,她干不下去;但如果她表现得太好,她也会吃亏。倘若孩子们比较亲近保姆,作为雇主的家长会吃醋、不高兴,保姆自然也干不长,这其中的尺度很难把握。

人权观察组织(Human Rights Watch)的一项研究表明,美国保姆每天工作长达14小时,而且一般未经允许不得擅自离开雇主家,另外还存在着大量口头和身体的性骚扰,但很少有人举报。很多从事这类工作的女性通常没有合法身份，时时担心遭遣返回国，更时刻牵挂着远在地球另一端的亲生儿女们。

这只是全貌中的一半。

另一半是，一位菲律宾佣人在中国香港的薪资，相当于菲律宾郊区医生的收入；在意大利工作的海外保姆，赚到的薪水比在自己国家高了 7～15 倍。能说她们是受害者吗？

通过离乡背井辛苦工作，这些女性养活了自己和家人。这也给她们以力量，在家庭中的地位甚至超过了父亲和丈夫。在很多国家，女性通过打工寄回家的货币金额，超过了该国收到的国际援助与海外投资的总和。以菲律宾来说，该国女性海外打工收入占其国内 GDP 的 10%。

从另一个角度来说，如果外聘保姆或家务工作者的薪水无法持续大幅低于西方女性的工资，那么外聘就不经济。但这样的工资差异，隐含的正是女性之间的持续不平等。

通过外聘保姆，西方女性花钱替自己买来了自由，可以从大量家务中逃离出来，进入了与男性相同的就业市场。如果女性要追求事业，当你走进办公室时，就得把家庭生活留在公司门外，上班时间是需要认真表现的时候。

就业市场对于雇员的定义，大致上认为无形体差异、无性别差异，都是既无家庭又无相互关系的单纯追求获利的个体。女性或是选择成为这样的人、或是选择成为之前提及的另一类：为了家庭自我牺牲的，不被经济学考虑的隐形人。

但是,女性的选择通常取决于她的处境。

一名女子,每天早上4点起床,赤脚拎上水桶步行11千米去挑水,往返需要3个小时。她挑完水回家后,还要收集柴火、清洗衣物、准备午饭、清洗碗盘,之后再出去找野菜。到了傍晚她要再去打一次水,然后准备晚餐、把弟妹哄上床,一直到晚上9点,一天的工作才结束。若以经济学的模型来说,她没有工作、没有生产力,是个没有参与经济活动的人。

绞肉、整理餐桌、洗净碗碟、把孩子打扮整齐后送到学校、把垃圾分类、掸去窗台的灰尘、把脏衣服分类、熨平衣物和床单、修理剪草机、给汽车加满油、取回预订的书、整理乐高积木、回电话、做家务、擦地板、清楼梯、整床铺、付账单、刷洗水槽、把小孩哄睡……以上这些家务工作不被纳入国民生产总值(GNP)的主要理由是"这些工作都不重要"。一个社会的家务工作永远都是存在的,如果经济学家们从未把这部分纳入统计之中,他们又如何得知不重要呢?

在西方世界,女性每天2/3以上的时间要花在无薪的家务工作上,男性则为1/4。如果农业为主的发展中国家,男女的差距更大。尼泊尔女性每星期比男性多花21小时在家务上,印度则多11小时。

在亚洲与非洲的某些地区,男性通常前往城市打工,女性则留在老家。她们不得不在没有男人与政府支持的情况下,负担起工作、家务和耕种三副重担。

经济学家开玩笑说,若一个男性娶了他的保姆,就会使得该国的国民生产总值下降,因为妻子的工作不再被计入;

第五章

反之,如果他把年老的母亲送到养老院,因为支出被计入国民生产总值,等于促进了经济成长。这个笑话除了把经济学家的性别角色认知暴露无遗之外,也说明了同样的工作在什么条件下能计入国民生产总值,在什么条件下又不能计入。

当已婚妇女进入就业市场,她们开始花更多时间在有贡献度的工作上(家庭之外的工作),无贡献度的工作(家务工作)时间就少了。这一变化大幅拉高了发达国家的国民生产总值。但这种计算方式精准吗?没人去想办法量化家务工作的价值,于是我们的财富成长显然被高估了。洗衣机、微波炉和食品搅拌机等工具确实提高了家务工作的效率,因此差距不一定如前所说的那么大。但重点是,我们并不知道实际情况到底如何。

如果你想得知经济体的全貌,就不能忽视一半人口花一半时间去做的那些工作。

家务工作的计算,并不比国民生产总值中其他项目的统计更难,比如我们费尽心思才能算出一位农民生产的未进入市场交易的农产品的价值,但似乎我们不打算为家务工作的计算付出过多努力。女性做的家务工作似乎是一种取之不尽、用之不竭的天然资源,女性的家务工作被视为一种肯定会长久存在的隐性基础设施。

加拿大经济学家尝试着计算了无薪工作的价值,依据他们的结论,无薪工作的价值量相当于国民生产总值 30.6%～41.4%。前一个数字的计算,是用有薪工作来取代无薪工作所需的成本;后一个数字的计算,则是雇用其他人做家务工作的薪资。不管用什么方法,算出来的数字都很大。

社会经济要想蓬勃发展，必须具备人、知识和信任，而这些资源大部分都来自无薪的家务工作。快乐、健康的孩子是包括经济发展在内的各种发展的基础，但是，经济人既没有孩子，他们之间也不存在任何关系，看起来就像从石头缝里蹦出来的。当经济学家假定所有人都是经济人时，经济体中的很多部分就被忽略了。看起来，被忽略的恰巧是女性。

经济学家们既然认准了经济人特征的普遍性，那就必须把女性也当成经济人，然后把她们塞进模型里。他们大声地对女性们说道：（与男性）同样的权利与同样的自由都给你们了，去竞争吧，往前冲吧，去征服世界吧！

因此，女性若想在就业市场证明自己的价值，必须首先把自己纳入由男性创造的、针对男性的类别中，然后在本质上排斥女性的男性就业市场里获得成功。但这仍存在问题，你不能只是简单地把女性加进来，然后简单地搅和在一起。

1957年，36岁的自由作家贝蒂·弗里丹[①]（Betty Friedan）已经是两个孩子的母亲了，她发了一份问卷给15年前毕业于史密斯学院（Smith College）的老同学们。毕业于这所精英女校的同学们多数和弗里丹一样，全身心地照料着家庭和孩子。弗里丹怀孕时被解聘，丢掉了记者的工作。发问卷的原因，是希望了解过去的同窗如何看待自己的人生，

[①] 贝蒂·弗里丹（1921—2006），美国当代著名的女权运动家和社会改革家，自由主义女性主义思想代表人物之一，著有《女性的奥秘》。

她打算就这个问题写一篇文章。

弗里丹发出的问卷列出了几个偏重于心理的问题,但收回来的答案让她大吃一惊。问卷中最突出的,是大多数女性极端不快乐,而不快乐是最想象不到也是最不能接受的感受。

焦虑感、挫折感、失望和抑郁,都是现实中家庭主妇的真实感受,这和媒体大量制造出来的幸福女人假象大相径庭——本应是战后美国的美好时光:太空竞赛、破纪录的经济成长和车道上微笑的孩子们。弗里丹不知道该如何去描述她所得到的结果,似乎没有任何语言能讨论这个问题,所以她开始把这种现象称为"无名的问题"(the problem that has no name)。

不满、困惑、镇静剂成瘾、迷恋心理分析、被社会忽视——这就是家庭主妇的现实状态。弗里丹写了一篇文章,但没有任何期刊愿意刊登,到最后她别无选择,只好深入挖掘素材写成了一本书。

1963年,《女性的奥秘》(*The Feminine Mystique*)在美国出版。弗里丹在书中讲述了中上阶层女性如何埋在枕头上暗自哭泣,如何如金丝雀般被困在郊区豪宅里,人生的意义就在于如何吸引男人、留住男人和生儿育女,慢慢地被自我欲望不断吞噬。所谓的理想让人窒息,不得不与神奇药丸一起吞下。女性在孩提时代就被哄骗着憧憬那些专为家居生活、生儿育女以及消费主义打造的精美物品,如果她们想要别的,那一定是出了问题,解决方法是吃颗药、谈场恋爱或是买一台洗衣机。这本书的销量超过200万本,而且就像美国作家阿尔文·托夫勒①(Alvin Toffler)说的,"扣下了历史的扳机"。

对于女性面对的种种限制,比方说她能有什么成就、能做什么、能想什么、能说什么,都被打破了。改变发生的速度很快,在反对派还来不及集结之前,这场革命就结束了。如今,我们追着美剧《广告狂人》②(Mad Men),看着里面的主角佩吉(Peggy)、琼(Joan)和贝蒂(Betty)。这出戏的场景设定为20世纪60年代初期纽约一家广告代理公司,这个世界是由那些自以为是、成天吞云吐雾的白人男性组成的,他们在彼此身上以及威士忌酒杯里,只看得见自己。女性在这个难以征服的世界里被忽视和视而不见。五十多年前的就业市场真的这么糟糕吗?

虽然女性运动已经取得了难以置信的进展,我们却尚未成功培育出自尊的女孩。女孩们在学校里的表现远超男孩,但她们却更加闷闷不乐,这已经成为女性的通病。她们总是觉得自己不够好、不够有活力、不够强,她们总是莫名地感觉恐惧。这种感觉并不是因那些照顾他人而造成心理疾病的护理师的问题,那些在企业拿着高薪的女性管理者,比起条件相近的男性,更多因焦虑不得不长期请病假。这种状况即使在以福利著称的北欧国家也同样发生,我们本以为那里的女性应该更有机会妥善处理好家庭与事业的关系。

---

① 阿尔文·托夫勒(1928—2016),未来学大师,世界著名未来学家,当今最具影响力的社会思想家之一,1980年出版《第三次浪潮》。

② 《广告狂人》,由American Movie Classics公司出品的美剧,多次获得美国电影电视金球奖最佳电视剧和艾美奖剧情类最佳电视剧奖。

研究表明,自20世纪70年代以来,西方女性觉得自己越来越不快乐,这种不快乐感不分阶级、婚否、收入、居住国家或有无生育。伴随着西方女性对人生的不快乐感越来越加剧(唯一例外的是居住在美国的非裔女性),男性的快乐感却愈来愈强。造成这一状况的原因,不知是否因为男女愈来愈"平等",或是因为我们没真正找到衡量快乐的方法,又或是快乐本就无法衡量。尽管此类研究引发众多争议,但大多数女性认可了研究的结果。

有人认为,20世纪40年代的好莱坞舞后金吉·罗杰斯①(Ginger Rogers)所达到的成就,可以媲美好莱坞舞王弗雷德·阿斯坦②(Fred Astaire)。舞王所能做到的,金吉·罗杰斯也同样做到了,唯一的差别是她在弗雷德·阿斯坦后面跳,还穿着高跟鞋。今天,这种情况似乎没有改变,女性要和男人一样进入职场奋斗,但男人在家里显然不用与女性一样付出,工作和家庭生活的分界线,还没有从根本上被改变。我们努力尝试用不同的方法把工作和家庭融为一体,但显然尚未找到更好的方式。于是,很多时候我们看上去有很多选择,其实根本没有选择。

如今的女性,通过自身的极端努力,早已不需要像《广告狂人》剧集里的那样,被广告公司里的男性主管视为废物。但是女性自身仍极端地不自信,就算她们已经成为了公司里

---

① 金吉·罗杰斯(1911—1995),20世纪30—50年代美国电影中多才多艺、久盛不衰的女明星,1941年获奥斯卡最佳女主角奖。

② 弗雷德·阿斯坦(1899—1987),美国电影演员、舞蹈家、舞台剧演员、编舞、歌手,1950年获奥斯卡终身成就奖,1999年在美国电影学会选出的百年来最伟大男演员中排名第五。

的高管,这种不自信仍旧存在。

活跃于20世纪70年代的美国女权主义者葛罗莉亚·斯坦能[1](Gloria Marie Steinem)说,女性主义的重点不是要替女性争取到更多的大饼,而是要烤出另一个完全不同的苹果派。

但说易行难,我们把女性加进来搅和了一番之后,突然发现,整整一代女性把极具诱惑力的口号"你要做什么都可以",解读成了"你什么都要做"。否则,你就又变成了废物。

今天,距离弗里丹出版《女性的奥秘》一书,已经过去半个世纪了。现在我们遭遇的是新的"女性的奥秘"。女性主义者纳奥米·沃尔夫[2](Naomi Wolf)曾经写道:到现在为止,我们仍无法把"成功就是做自己"这个概念教给女儿们。

再做一点!做得更好!要在竞争中胜出!"经济人"成为女性追逐的理想。西方定义的女性解放,变成了一整套检验女性完成不同工作胜任能力的标准。其实,解放本应意味着的,是拥有越来越多的、各式各样的自由。这个自由本质上是选择的自由,包括选择做自己的自由。

你不需要成为办公大厦里的老大,做好自己,做好一个女人,也很好。

---

[1] 葛罗莉亚·斯坦能(1934—),美国女权主义者、记者及社会和政治活动家,妇女解放运动的代表人物。
[2] 纳奥米·沃尔夫(1962—),美国作家、记者,著名女权主义者。

第六章

赌城拉斯维加斯和华尔街合而为一

第六章

如果你在地面上打算用高射炮打下空中的飞机,瞄准飞机当前位置没有意义,当你开炮到炮弹接近飞机的这段时间里,飞机已经移动了。

高射炮射手应该做的,是根据飞机飞行轨迹瞄准下一个位置。不过飞行员也深明这一道理,因此他也尽量改变飞行路线,让射手难以预测。

向右,向左,忽左,忽右。

地面上的人可以决定要瞄准左边还是右边,如果射手瞄准的方向恰巧和飞行员决定转向一致,砰!飞行员就死定了;反之,飞机则逃之夭夭。

由此可见,飞行员的最佳策略是随机行动,毫无规律地飞向左或飞向右。与之类似,高射炮射手的最佳行动策略也是如此。一旦飞行员发现了射手的发射模式,他就可以据以调整自身策略,提高不被击中的可能性。同样的道理,当射手看出了飞行员的行为倾向,他击落飞机的机会就更大。

1944 年,数学家约翰·冯·诺依曼①(John von Neumann)把上述情境归纳为两方参与者之间的零和博弈②(zero-sum game)。这一情景下,飞机和高射炮是由真人还是机器操作并不重要,决定行动策略的是一套逻辑系统,与操作者无关。

这个操作者与母亲的关系如何?他属于哪一个社会阶级?他经测验被归类为 ESTJ 型人格③(ESTJ personality)",或是他 9 岁之前时常因尿床而羞愧,全都无关紧要。

这位飞行员将按照冯·诺依曼教授计算出来的模式行事,指引他的,是情境逻辑以及两个理性的人相遇时的博弈原则。

冯·诺依曼认为,我们不需要研究人类的生活,而只需关注人和电脑的相似之处,更准确的说法是关注由数不清的真空管、线缆与和滑动控制器组成的庞大设备,当时这些设备被称为"数学机器"或"电子脑"。

在冯·诺依曼看来,这个世界是由一系列博弈体系和理性参与者所组成的,理性参与者将依据博弈原则决策并采取行

---

① 约翰·冯·诺依曼(1903—1957),出生于匈牙利的美籍犹太数学家,现代计算机创始人之一,被称为"计算机之父"和"博弈论之父"。

② 零和博弈,指参与博弈的各方,一方的收益必然意味着另一方的损失,博弈各方的收益和损失相加总和永远为"零"。

③ ESTJ 型人格,为 MBTI(Myers-Briggs Type Indicator,迈尔斯-布里格斯类型指标表征人的性格,由美国心理学家布里格斯和迈尔斯母女根据研究前人的研究成果制定并发展起来)职业性格测试的结果之一。ESTJ:E(外倾)+S(感觉)+T(思维)+J(判断)。ESTJ 代表实际、现实主义;果断,一旦下决心就会马上行动;善于将项目和人组织起来将事情完成,并尽可能用最有效率的方法得到结果;注重日常的细节;有一套非常清晰的逻辑标准,有系统性地遵循,并希望他人也同样遵循;在实施计划时强而有力。

第六章

动。你的一只脚放在另一只脚前面,但控制你的人并不是你自己;甚至看不见的控制者会把你不知不觉中推上悬崖。人类、世界和历史的演变都是机械性和程序化的、被一些并非人类的力量预先设定和驱动着。这是一艘不需要舰长的船。亚当·斯密的经济人概念不断演进,全速冲进太空时代。

冯·诺依曼和奥斯卡·摩根斯坦①(Oskar Morgenstern)合著的书《博弈论与经济行为》(*Theory of Games and Economic Behaviour*)于 1944 年出版,博弈论由此诞生。冯·诺依曼以"博弈"(game)一词来描述一个情境:此时你必须做个选择,而且你也知道别人正要做选择。早期的博弈理论里带有经济学的古老梦想:如果你可以用数学的逻辑读通社会这本书,那你就能无所不知。冯·诺依曼深信博弈论能够解释社会运行的全部。

冯·诺依曼 1930 年生于布达佩斯,成长于这个城市最辉煌的时代,当时有数不清的科学家、作家、艺术家、音乐家和酷爱文化的百万富翁。"你在思考什么?"6 岁的冯·诺依曼看到母亲凝望天空时问道。

冯·诺依曼原名强诺斯(Janos),昵称强尼(Johnny),他的父亲是一位犹太裔银行家,把自己买下却从未使用的贵族头衔传给了儿子。18 岁时,冯·诺依曼先到了柏林,之后在苏黎世联邦理工大学学习化学,最后拿到数学博士学位。此时第二次世界大战逼近,冯·诺依曼去了美国的普林斯顿大学。他在那里开始和奥地利籍的摩根斯坦合作,当希特勒吞并匈牙

---

① 奥斯卡·摩根斯坦(1902—1977),经济学家。

利时,摩根斯坦也来到美国,之后就一直留在美国。据说摩根斯坦的外祖父是德国皇帝腓特烈三世①(Friedrich Ⅲ)。

1945年春天,在他们出版开创性著作的次年,冯·诺依曼被召进一个委员会,主要任务是为美国刚开发出来的原子弹选择一个日本目标城市②。冯·诺依曼负责监督所有的运算工作:伤亡人数估测、爆炸的威力、预期的损害以及冲击波辐射范围。

京都是首选,但美国的战争部长亨利·史汀生③(Henry Stimson)否决了,京都在历史与文化上都太重要了。当地时间早上8点10时,美国在日本广岛上空600米投下了被称为"小男孩"(Little Boy)的第一颗原子弹。5000 ℃的高温融化了房舍,爆炸的气浪毁坏了桥梁和大量建筑物,成千上万的人或被烧死,或是为躲避高温而淹死在太田川河中,接着就下起了辐射雨,在爆炸中逃过一劫的人们很多死于辐射雨。之后的一个月,死亡范围迅速扩大到更远距离。

几天后,第二颗原子弹落在日本长崎。

第二次世界大战就此结束,全世界进入了冷战期。如何吸收和利用冯·诺依曼的博弈论,成了那个时代的精神。不

---

① 腓特烈三世(1831—1888),全名为腓特烈·威廉·尼古拉斯·卡尔(Friedrich Wilhelm Nikolaus Karl),德意志皇帝和普鲁士国王(1888年3月9日至6月15日在位)。

② 1943年年末,被称为"原子弹之父"的罗伯特·奥本海默邀请冯·诺依曼参加了开发原子弹的曼哈顿计划。

③ 亨利·史汀生(1867—1950),美国政治家,曾任美国战争部长、驻菲律宾总督和美国国务卿。

第六章

过也可能是另有缘故，博弈论如此被追捧，是因为符合当时的政治氛围。这个世界的生死存亡，看来就取决于美国和苏联棋局中的下一步。于是经济人披上了军用风衣，成为东西方棋盘上各方角力的对弈策略。那时还没有互联网，也还没有跨国恐怖组织，美苏两方用红色电话热线交谈，思考着如何领先对方。从这样的视角而言，把其他的国际关系也视为棋局应该不存在太大争议。未来何去何从似乎紧紧系于逻辑上的下一步，行动前像是个幽闭症患者，行动后才感觉到释放后的轻松。每一个人都是同一场困境的囚徒，在棋桌的两侧，双方都需要极端的理性。

20个世纪最聪明的一帮人通过数学计算得出了结论，轰炸广岛看来不可避免。早期的博弈论专家同样计算出，对抗苏联的最佳方法是先下手为强，在苏联投掷原子弹歼灭美国之前，以一次原子弹攻击彻底消灭这个国家。然而最后的结局却富有戏剧性，和平抗议、卫星碟、波兰籍教皇、可怕的核事故、摇滚乐、剧作家出身的捷克总统，再加上莱比锡当局拒绝向定期示威的平民射击，这种种事件最后造成了苏联自身的瓦解，相信任何模型都算不出这样的结局。

战争与冲突是完全理性的、可以通过计算判断的，这一观念似乎到今天仍然有人认同。差别只在于强权者们角力的战场不再是柏林、维也纳和华沙，而是转移到喀布尔、德黑兰与巴基斯坦的白沙瓦（Peshawar）。博弈论专家依旧坚持这样的观点，不管在什么背景下，都不要过于关注冲突特定的细节，而是要检视如何让战争回归理性的那些因素。他们是这样解释的：研究战争可以比照研究癌症的做法，不要对个别病患和病例花太多功夫,而要回到癌症细胞如何行为的相关研究上。

经济学家认为战争是理性的,否则就不会存在。那么如何才能让理性的人停战?答案是只需"提高战争成本"。因为经济人只在别无选择时才会诉诸暴力,找个比较便宜的办法给他们吧。

但是很多时候便宜也不那么容易判断,所以这个前提还存在问题。"我不知道他们想要什么,这让我很苦恼。"罗伯特·约翰·奥曼①(Robert John Aumann)在获得 2005 年诺贝尔经济学奖之前曾经说道。

冯·诺依曼逝于 1957 年。除了参与原子弹攻击日本工作之外,他还首先提出了计算机体系结构的设想,促进了现代计算机的发展。不过也有一些不太成功的建议,比如提出"把极地冰山涂成黑色,或许能把冰岛的气候改造得像夏威夷"。他的博弈论后来成为现代金融的基础。

经济学的模型与理论,一直以来和金融市场井水不犯河水,与金融分析师和交易员的行为更是毫不相干,不过这种状况在 20 世纪 50 年代到 60 年代之间有了改变。

举例来说,一家公司卖出股份募集资金,是为了扩大营运、装潢或是新开店铺、聘用更多员工等,买进这家公司股票的人,可以在股市交易,当然也可以买卖不同公司的股票。

---

① 罗伯特·约翰·奥曼(1930—),经济学家,因《通过博弈论分析改进了我们对冲突和合作的理解》与托马斯·克罗姆比·谢林(Thomas Crombie Schelling)共同获得 2005 年诺贝尔经济学奖。

交易有赚有赔,股价有起有落,而股票的价值反过来又会影响公司的融资能力。上述交易里谈到的是公司股票和股票市场,可以想象成交易者们是把赌注下在了企业上。类似的交易也出现在指数基金与金融衍生品市场,这可能比较抽象,可以理解为在这样的金融市场里,交易者们是把另外的赌注再次下在了原本的赌注上。这类抽象金融商品的投资不会流进实体经济体中,而是持续地无限自我复制。

有了数学模型,可以更容易地实现对金融市场的研究、计算和操纵。模型原本可以为经济体和社会都带来益处,然而从冯·诺依曼以后,数学模型完全超越了现实,而这种情况造成了严重后果,其中最为人所知的,便是2008年的全球金融危机。其实从20世纪80年代开始,整个金融业已经几乎完全以抽象的数学为基础了。

就像物理学家希望构建物质与能量的关系规律一样,金融从业人员也尝试着建构出股票与金融衍生品的关系规律。

物理研究有个特点,实验可以不断重复,而且每次都可以得出相同结果:你松开手中的苹果,苹果就会掉到地上。但是经济学与物理完全不同,你无法用能量或物质规律的类似方法来同样应用于经济的运行。美国物理学家默里·盖尔曼[1](Murray Gell-Mann)就曾说过:"想象一下,如果电子也能够思考,物理会变得多困难。"市场的组成者是人,人会思考,而且人还有个体的感受。市场本身不是赛场,除非你非要把它变成赛场。

---

[1] 默里·盖尔曼(1929—),美国物理学家,1969年获诺贝尔物理学奖。

第六章

根据博弈论的论述,经济学家开始研究掷骰子与轮盘赌,试着用这些研究结果来了解和模拟市场。若这个世界是一场比赛,那么金融市场可以被看作一个赌场。这套说法听起来很符合逻辑。

"华尔街就像是一座大赌场。相对于现实中的赌场,华尔街更大,也更有趣。"爱德华·索普①(Edward Thorp)如是说。

索普是一位美国的数学教授,也是21点的玩家,最后还成为对冲基金经理。1962年,索普出版《击败庄家》(*Beat the Dealer*),畅谈如何利用数学在21点赌博中获利。5年后他又出版《击败股市》(*Beat the Market*),论证如何以数学打败股市。无论是赌场的概率还是企业的价值,不管是赌城还是华尔街,索普把这一切都融为了一体。

赌场里每一次掷出的骰子点数,不会影响之后的结果。当经济学家开始假设金融市场的运作方式如同赛场,然后再根据掷骰子及轮盘赌打造模型来模拟市场时,这背后隐藏了一个更大的假设:市场没有记忆。交易中的每一次投资或下注,和前一次的行动是完全独立的,就像轮盘的球可能停在红色或黑色,股票也可能上涨或下跌,但都不受之前的结果影响。市场会遗忘,市场也会原谅,每天早上太阳升起,都是

---

① 爱德华·索普(1932—),数学家,金融学教授,美国华尔街量化交易对冲基金的鼻祖,20世纪70年代首创第一个量化交易对冲基金。1962年出版的《击败庄家》成为金融学的经典。

一个新的开始。这些原则发展出"有效市场假说"①(Efficient Market Hypothesis)。该假说认为,金融市场给出的价格永远都是标的物价值的最好反映,市场永远是对的,且永远不会形成泡沫;若有泡沫的话,市场也会自行修正。

任何人都不应干预市场。

这套理论包含了以下假设。首先,市场上的每个人都是理性的经济人;其次,每一个人都得到同样的卖方信息,并做出相同的解读;第三,每个人都独立决策,互不影响。

由于信息的快速传播,市场比个人掌握着更多的信息,同时市场也能实时自动消化所得到的所有信息。亚当·斯密的"看不见的手"创造了世界秩序,避免了人类因欲望无限而陷入混乱;而市场则成为更高级的集体认知,引领和训练人类。市场不会出错,因为组成市场的是无数个积极进取的组织和个体,他们的行为都来自对市场中所有价格和变动信息的认真研究。

神学家分析了有效市场假说,认为那就是神的箴言,且不容怀疑。

亚当·斯密认为所有商品都有一个"自然价格"(natural price),所有的价格都会不断地被拉向自然价格。因为受到不同因素的影响,糖的价格时高时低,但无论高低,都会向自

---

① 有效市场假说(Efficient Markets Hypothesis,简称EMH)的研究起源于路易斯·巴舍利耶(Louis Bachelier),1970年由尤金·法玛(Eugene Fama)深化并提出。

然价格靠拢。经济体永远不会稳定在自然价格的状态,而是会在均衡状态附近不停地波动,不断地被各种互相冲突的利益拉向各个方向。

最后,上述说法发展成一套数学理论。驱动市场的是供给与需求:如果雨伞很多(供给量大)但需求很少(因为阳光普照),那雨伞的价格就会下跌;反之,如果雨伞很少(供给量小)但需求很大(经常下雨),那么价格就会上涨。

这样看待市场,诗意的成分远大于科学。在统计学的世界里,信息不是问题,所有必要的信息将会送给需要且擅长使用信息的人。真正的市场运作,不会毫无摩擦。然而,为了避免情况变得像苏联一样,我们希望市场经济必须具备完美无缺的特质。

听起来很动听,但仔细想想,在一个都是完美、理性的经济人组成的统计学世界里,如果每个人都拥有全部信息,也总是能够判断自己的行动会造成那些结果,整个经济体就很容易预测,这岂不就是莫斯科当局所预计的那样吗?实行中央计划不就是最佳选择吗?

不论经济学家创造出来的数学模型有多严密,只要其基于的假设无法真实地反映现实,这些模型对现实而言就失去了意义。有效市场假说因此也被人批评为"金融史上最严重的错误"。

市场并非制定出所有正确价格的万能机器。金融家乔治·索罗斯[①](George Soros)认为市场不是"有时候会出错",

---

① 乔治·索罗斯(1930—),著名慈善家、金融投资家、社会活动家。

而是"市场根本一直都是错的"。参与市场的人带着错误的观点进入市场,而这些错误观点又影响了市场的后续发展。可能只有当一个人开始明白这一点时,才能变得像索罗斯一样富裕(至少索罗斯自己是这么说的)。

在博弈论的世界里,被高射炮瞄准的飞机上有没有人,毫无差别。因为飞机如何在高射炮的射程间移动,是由系统逻辑决定的。但金融市场并非理性体系,组成市场的是人,所有的经济行为都受到人们的集体行动和情绪影响,行为不是由个人决定的,更不理性。

经济体不是机器,不是由无数个独立零件组合后自动运作的,其构成也不是依赖于想象中的简单蓝图——各种不断追求均衡的理性系统。与之相反,经济体是一套复杂的关系网络,如果真的存在蓝图的话,也一定是来自其内部,唯有了解了所有关系之后才能真正理解。

同时,金融理论中经济人生存的世界,时间被当作一系列的独立事件。下一个时刻开始,上一个时刻就结束了,过去、现在和未来完全不相干。这种情况在现实中并不存在,所有的投资者是一起合作的,他们既是市场波动逻辑的共同创造者,同时也是这套逻辑的受害者。这套逻辑由各个部分共同组成,但不能因此将整体简化为部分。更重要的,时间是个极其复杂的因素,对昨天的记忆和对明天的预测共同创造了当下。预测决定了你会记得什么,而记忆又决定了你的预测。

尽管存在着一系列的问题,但 20 世纪 90 年代之前没有人深究过市场自然均衡的相关理论。这些理论确实太漂亮了，机制简单迷人，又披上了愈来愈复杂的数学外衣，更显得无懈可击。从华尔街到大学，从实践到理论，每个人都乐于相信这些理论，臣服在其脚下。

连 2008 年 9 月 15 日[①]那天还是一样。

---

① 2008 年 9 月 15 日，美国第四大投资银行雷曼兄弟宣告破产，标志着美国次贷危机最终演变成全面金融危机。

第七章

全球经济体坠入地狱

第七章

歌德的《浮士德》(*Faust*)第二部比第一部更精彩。浮士德和恶魔的使者梅菲斯托费勒斯(Mephistopheles)定了交易,第二部时,他们发现自己身在帝国里。

帝国出现了很严重的经济问题。金币是该国的货币,但金币不够多,不足以支付开销,皇帝花钱毫无节制,一场金融大灾难即将来临。

但狡猾的梅菲斯托费勒斯向皇帝提出建议:目前的金币尽管不够多,但地下深处可能还有尚未挖出来的金子。虽然这些金子现在还不存在,但我们可以认为它会存在,既然存在就有价值。而这些价值的所有者当然是拥有土地的皇帝,那么就可以凭借这些尚待挖掘的金子发行证券。

依据这一理论,魔鬼的使者就发行了纸币。纸币的发行使得皇帝马上还清了所有债务,像变戏法一般,现在他和他的国家都变得非常富有和繁荣。其实帝国的基础已经改变:从原本货真价实的黄金变成纸上的空头承诺。

这样带来的繁荣或许潜力很大,但风险更大。

第七章

歌德不仅是这个世界有史以来最伟大的诗人之一,他也是魏玛①(Weimar)的财政部长。

货币发展史是一个从有形走向无形的过程。人类经济发展的最初始阶段,货币要具备实用与容易计算的特点,贝壳、牲畜和盐曾经是最佳选择。比如我用10头牛向你买下这片土地,牛具有价值的理由很容易理解,牛可以作为食物,帮助人们熬过寒冬。时至今日,俄罗斯大草原上的吉尔吉斯人,曾经在很长的时间里使用马匹作为货币用于支付,绵羊是小面额的货币,羔羊皮则是用来找零。

乔治·齐美尔②(George Simmel)在《货币哲学》(*The Philosophy of Money*)一书中说道,人和货币的关系如同人和上帝之间的关系,货币是绝对的交换媒介,正如上帝是绝对的一样。

货币可用来衡量其他一切商品。如果没有货币,如果你想要我的水壶,只有在我也想要你的铲子时才能成交,否则我为什么要拿水壶跟你换?你必须有我想要的东西,交换才能完成。换言之,必须出现经济学家口中的"双方一致同意"。

反之,如果有了货币,要我的水壶就不一定必须有铲子了。你可以给我钱,我把钱存下来,我换出去的物品价值存

---

① 魏玛,德国小城市,拥有众多文化古迹,曾是德国文化中心,歌德和席勒在此创作出许多不朽文学作品。

② 乔治·齐美尔(1858—1918),德国社会学家、哲学家,形式社会学的开创者,主要著作有《货币哲学》和《社会学》。

了下来,未来可以用来交换别的商品。

货币的功能很多,其中一种就是像这样的储存价值。交易因此更轻松,也更频繁。完整的交易过程不用一次完成,可以递延到未来某个时候。

大约公元前 1200 年①,来自印度洋与太平洋浅滩的贝壳(cowry shell)成为中国的货币。在石器时代末期,人们用铜来制作贝壳币,这也成为人类历史上的第一套钱币。为了便于携带和使用,后来的钱币变成了平的,不再有突起;还在钱币中间打孔以用绳子串起。

在中国之外的其他地区,常使用银块制成钱币,印上神像或皇帝的印信,最先发明这种钱币制作技术的地方是土耳其,先是希腊人、波斯人与马其顿人,之后是罗马人不断推动铸币技术快速传播。与中国使用普通的金属铸币不同,其他国家使用金、银等金属铸币。

世界上第一张纸币是以皮革制成,30 平方厘米大小的白鹿皮,边缘镶以亮色。中国大约在公元 800 年②开始使用纸币,纸币体系持续使用超过了 500 年,后来因为通货膨胀才被放弃。能多印钞票的诱惑实在太大,尤其在爆发战争需要经费时更是如此。为了避免钞票的价值背离商品货物的真实价值,中国只好再度回到了银本位的货币制度。

在几十年前,大多数国家的货币都是银本位或金本位。1816 年时,英国的货币是盯住黄金的,当时纸币已经用了几

---

① 根据中国的相关研究成果,时间约为公元前 2000 年。
② 根据中国的相关研究成果,时间约为公元前 960 年。

百年，但其价值和贵金属黄金直接关联。美国1900年通过《金本位法案》(Gold Standard Act)，后来又建立了美国联邦储备系统①(The Federal Reserve System)。你可以带着美钞到州政府，州政府会以固定汇率给你兑换成黄金。

1945年建立了布雷顿森林体系(Bretton Woods System)。第二次世界大战的45个同盟国齐聚美国新罕布什尔州的小镇布雷顿森林，同意共同建立一套体系，让各国的货币以固定汇率兑换美元。各国因此得以确保货币的价值，因为永远都可以拿来换美元，而美元又可以再换成黄金。黄金不会锈蚀，黄金永保价值。世界上已经挖出来的黄金体积约可装满4.5立方千米的空间，量很稀少，因此很有价值。1971年，布雷顿森林体系遭到废除。如今，你钱包里的钞票就是纸而已，纸币与其他商品一样，也会增值或贬值。

因为人们都想要钱。

你喜欢钱的原因，是你知道别人也想要钱，你也知道可以用钱购买商品和服务。因此，只要你始终相信钱有价值，你就会不停地努力工作赚钱，而货币体系也就因此得以运行。

现代国家中，各国央行的任务，就是要确保人们对本国货币的自信心，能够信任自家的货币，如美元、克朗、欧元或英镑。相对于金库里有多少黄金，人们更关心货币的信用、声誉和合法性。这里的重点是形象、预期和心理。一旦人们

---

① 美国联邦储备系统，简称为美联储(Federal Reserve)，负责履行美国的中央银行的职责。这个系统是根据《联邦储备法》(Federal Reserve Act)于1913年12月23日成立的。

不相信货币了,这个国家的经济也将土崩瓦解。

货币影响着社会的构成。金融市场则更接近于宗教,其实从一开始,金融就是一个信仰问题。

1200年前,亚里士多德(Aristotle)提到了一个故事,哲学家泰勒斯①(Thales)预测来年的橄榄收成将会创下历史纪录。泰勒斯联系了当地所有的橄榄压榨机主人,提出他想要购买租赁权,在来年橄榄收获时租下所有压榨机。因为没人知道橄榄的产量会是多少,压榨机的主人为了确保自己的收入,就收下了泰利斯预付的租金,接受了这个交易。几个月后,橄榄大丰收,泰勒斯赌对了,此时所有农民都在寻找压榨机,泰勒斯利用他提前用固定价格买下的租赁权,赚了大钱。

今天,泰勒斯的这种契约称为"期权"。

金融创新,一向是以时间和金钱间关系的各种改变为主要方式。几个世纪以来,人们都对金融工具持怀疑态度,原因恰是这类工具都是在时间上做文章。时间仅属于上帝,如果以神学观点来看待贷款的话,一个人以利息为目的出借金钱,实际上是"出售时间"。有人借钱给你,你就有机会现在买下原本明年才有能力买的东西,而利息便是时间的差价。

给时间定价,从宗教的观点看来是一种亵渎神明的行为。

亚里士多德说,出借金钱收取利息是件很不合理的行为,因为这是"用金钱自身赚得利益",这种获利是不道德和

---

① 泰勒斯(前624年—前546年),古希腊时期的思想家、科学家、哲学家,希腊最早的哲学学派的创始人,希腊七贤之一。

第七章

不合理的。金钱之间不道德的关系让钱生出了更多钱,这就和性堕落一样邪恶。

在约翰·加尔文①(John Calvin)以及新教改革的推动之下,人们对于借钱和利息的态度第一次有了改变。靠着公司或店铺的成长而赚到的钱,为什么不能和种地赚得一样多或更多?商人靠辛勤努力而赚到的利润就应该属于他,为什么这类利润不能成长?提出这些问题的加尔文,努力让基督教精神跟上城市中快速壮大的资产阶级的步伐。

高利贷、利息与利润在神学上不再成为问题,改革后的基督教义和资本主义在新世纪里携手前行。

金融工具存在的目的是管理风险,从各个方面把风险从承受能力差的人转移给承受能力强的人。当年的橄榄有可能歉收,农作物可能遭遇旱灾和霜害。泰勒斯因为替农民们承担了这些风险,因此获利。在金融市场里不承担任何风险就想获利是不可能的;但若是承担了太大的风险,市场又会崩溃,从这一点来说,金融市场就是个矛盾混合体。

1997年,年过50的摇滚传奇人物大卫·鲍威②(David Bowie)希望赚更多的钱。他计划买下前经纪人汤尼·德佛瑞斯(Tony Defries)手上的分红权,尽管几年前两人已分道扬镳,但经纪人仍可分享鲍威唱片的部分版税收入。

鲍威当然不穷,他一直有钱进账,他的音乐作品如 *Space*

---

① 约翰·加尔文(1509—1564),法国著名的宗教改革家、神学家,基督教新教的重要派别加尔文教派创始人。
② 大卫·鲍威(1947—2016),英国摇滚歌手、演员。

Oddity、*Rebel Rebel*、*Jean Genie* 和 *Ziggy Stardust* 等歌曲仍不断给他带来收入,这种收入在未来数十年都会持续存在。他一共发行了25张专辑,拥有所录制的287首歌曲的版权,每年都产生大把的版税收入。

不过他现在就想得到所有的钱。

于是,他发行了一种新型金融产品,取名为"鲍威债券"(Bowie Bond)。时间就是金钱,金钱也就是时间,看来可以将两者之间的关系颠来倒去。

鲍威把他从歌曲版权中获得的未来收入卖了出去,购买鲍威债券的人,终生可以按照债券的数量分享鲍威的版税收入,而鲍威则立刻拿到了5亿克朗(约6100万美元)。

他不再是每年收钱,而是一次性拿走了一大笔。

不仅其他的艺术家开始想入非非,美国的银行业也来凑上了一脚。鲍威本来是可以在未来几十年里,慢慢取得大笔收入,而银行也类似,他们借出了几十亿的房贷帮人们买下房子,这些钱也会在未来几十年内,随着人们偿还贷款而慢慢回收。既然如此,为何不像鲍威一样,发行债券把这些贷款卖出去呢?

一家银行大约会给1万个美国家庭发放购房贷款,如果每一家贷款10万美元,银行就合计贷出10亿美元,且会在接下来的大约25年时间里回收这10亿美元的本金外加利息。现在银行可以发行一种票据,无论谁持有票据,都有权利分享未来25年间的还款收入。之后,银行把票据卖给别人(例如养老基金),就像是魔术般地马上拿到10亿美元的新资金,又可以再贷款给另外的1万个家庭。

这真的很神奇,你贷出10亿美元,然后把这些贷款卖

第七章

掉,又可以拿到10亿美元。你真正卖掉的,只不过是一堆债务。更多的钱,风险更低,所有人都开心,许多银行的运作方式从根本上被改变了。但是,风险依旧存在,就藏在系统里的某个地方。

鲍威1997年通过发行债券获得了5亿克朗的收入,当时他的歌曲每年都可以持续带来版税收益,而这5亿克朗就是他未来音乐版税收入的当前价值。1997年没人能预料到音乐下载会在之后的数年中成为潮流,因而使得版税收入大幅锐减。现在我们都知道了,但这些问题早已与鲍威无关,当年买下债券的人现在头疼了——这些变成他们的问题了。

以前,当借款人无力偿还房贷时,银行要为此损失买单。那个年代的银行在放款时自然会非常谨慎。现在的情况发生了180度的大转变,银行才不在乎把钱借给了谁,更不用谨慎小心了,反正最后贷款都被卖掉。对银行而言,放出愈多贷款,就可以卖掉更多贷款,他们从中赚到的钱就会更多。

为这类金融衍生产品评估信用等级的机构,本应看出其中的风险,但信用评级机构挣的钱,正是来自发行待鉴定债券的那些银行。所有的评级机构都是市场化的,也就是说,如果银行不喜欢某一家信用评级机构的结果,就会去另找别家。此外,银行和评级机构使用的模型都是类似的,均基于"所有人都是经济人"的理论。按照这样的"理性"模型,房价不可能滑落到无法控制的地步,市场也一定不会错。于是,所有的债券信用也就当然"安全无虞"了。

面对这一状况,美联储除了将利率压低在历史最低点之外,也再无其他任何作为。

谁煮了亚当·斯密的晚餐?

1970年以来,美国中产阶级的生活水准改善不大。但不管任何党派和政治人物执政,都清楚一个重点:即使贫富差距越来越大,也要让中产阶级自我感觉是人生胜利者。如果没有了中产阶级明天会更好的信心,那美国还有什么?于是,实现拥有房子的梦想成了解决这一问题的最佳答案。每一个美国家庭都应该有机会——请注意,这里的提法是"有机会",而不是"付得起"——买下自己的房子。实现这个梦想的根本,是人可以利用房价上涨的时间差,抓住房价低的时候买入,利用房价的上涨还债。如果房价会涨,负债岂不是也会上涨?其实,即使房价不断上涨,也不代表你原本买不起房子,靠房贷就能买上房子。

美国的房价从1997年到2006年之间涨了124%。最严重的时候,每周16万人买房子,这造就了人类有史以来最严重的经济泡沫。

银行先是把钱借给了还不起的人,更有甚者,因为信用评级机构说这些房贷债券很安全,很多银行还买回了很多贷款。等到泡沫破灭时,银行手头没有了资金,只剩下一堆不值一文的债券。最可怕的,这些房贷债券还被卖到了全世界,到最后没有人想碰它们。

2008年9月15日,投资银行雷曼兄弟破产。这是第一张倒下的多米诺骨牌,美国银行业把全球经济一起拖下了水。

尽管投机与金融狂热屡屡带给人类各种经济灾难,让人们记忆深刻,但就像卡门·莱因哈特[①](Carmen M. Rein-

---

① 卡门·莱因哈特(1955—),美国经济学家。

hart)和肯尼斯·罗格夫①(Kenneth S. Rogoff)在《这次不一样：八百年金融危机史》(*This Time is Different: Eight Centuries of Financial Folly*)一书里所写的，每次我们都一而再、再而三地对自己说"这次不一样"。当我们集体幻觉出全新且独一无二的东西时，就会出现投机。我们试图创造我们看不懂的东西来创造价值，然后努力缩小看不懂的程度，很多时候这根本就是个幻想。

当大家知道有人在某个市场赚了很多钱，更多的人来了，价格因此被炒高。然而价格越上涨，投资就会越多，价格更高……就这样循环上升，就算有人开始看出风险，也无济于事了，所有人仍然继续不断地把钱直接丢进泡沫里。

直到某个转折点突然降临，有人忽然开始大喊"卖"！恐慌情绪开始迅速蔓延，所有人在同一个时间内争先恐后抢着退场。价格像上涨时的速度一样快速下跌，甚至有过之而无不及。越是都想逃命，价格就跌得越惨。过度的乐观瞬间翻转变成过度的悲观。每个人都幻想着还能保留哪怕一点点本钱，但一切都化为尘烟。每一个幻想着"空手套白狼"的玩家，都很难及时收手。

经济价值不断在众人幻觉之中出现和消失，资本如光速般自由地跨越国界流动着，经济价值的转换速度愈来愈快。资金不再投入实体经济，不再真正用于制造物品或开采自然资源。金融业者追逐利润的方式，不像服务业那样竞争客户，也不像科技公司那样开发新产品，金融业者唯一的方式就是投机，在赌注上加注！加注！再加注！

---

① 肯尼斯·罗格夫(1953—)，经济学家，哈佛大学教授。

1987年奥利佛·斯通（Oliver Stone）执导的电影《华尔街》(*Wall Street*)里，主角戈登·盖柯（Gordon Gekko）说道，金融已经变成一场零和博弈。钱不会少也不会多，只是在不同的人的手上传递。他直言不讳地说："幻觉变成了现实，但越真实，它就变得越绝望。"

歌德的《浮士德》中，魔鬼代言人梅菲斯托费勒斯也深明这一点，他在等待机会随时俘获浮士德的灵魂，然后带着浮士德一起下地狱。浮士德自己想要的不过就是快乐而已。他想要享受一切欢愉、拥有一切知识，还祈求此时此刻永远持续、没有结束。这样的要求太过分了吗？

今天，抽象算法正在逐渐取代原本金融市场中的经纪商们，计算机会根据数学模型自动进行交易。《华尔街》电影里的那些穿着汗湿白衬衫、对着大屏幕上的数字挥动双手大声咆哮的经纪商们很快就将消失，取而代之的，是拥有高速计算机运算能力的专业公司，他们使用计算机依据先进的数学运算自动执行海量交易。很多大银行也不再眷恋在华尔街办公，而是迁至更适合运行大型计算机系统的地方。预算的最大比例都是用来购买最大、最新型的计算机，只有速度最快者才能在竞争中胜出。他们利用不同市场中极短时间的价格差异和波动赚钱，在这个完全虚拟的市场里，也经常会出现错误。比如因为技术上的失误，一笔108亿的下单变成了108万，他们把这种错误称作算法错乱，系统甚至能在我们来不及眨眼的一刹那，就把整个市场买下来。

技术的进步，使交易系统总像上满了发条一样蓄势待发，交易策略也是不断优化，这使得交易频度不断增高，一眨眼间就已经完成成千上万次交易。系统也因此存在隐患，只要出现一个技术上的失误,这个失误就可能被系统自身不断加剧,造成严重后果,引发金融灾难,而这一切只需要短短的几分钟。

全球股市的过度发展,有可能让数百万人丢掉饭碗,这数百万的失业者又导致各国出现财政赤字,因为资金不足,政府因此难以维系对日趋庞大的老龄人群的照护。当这些负担压在越来越少的劳动人口时,这些人可能就被累垮。也就是说,在金融这个大赌场里,压错结果的代价,很可能波及整个社会。而所有这些,无论是亚当·斯密还是金融市场里呼风唤雨的大人物们,是根本无暇顾及的。

2008年秋天,危机真的来了,美联储主席艾伦·格林斯潘①(Alan Greenspan)遭国会质询。民主党议员亨利·韦克斯曼②(Henry Waxman)质疑道:你是否发现你秉持的世界观、意识形态其实并不正确,如今都没用了?

格林斯潘回答:这正是让我倍感震惊的,以我40年来的经验和可信的证据来看,这套体系过去的运作极为顺畅。

经济学变成自我世界的一套逻辑与博弈。每一个人都被视为经济人:所有人都按照同一套永不出错的经济学意识行事,而每一件事的发生都是理性的。

曾经描述的财富和繁荣仿佛是"另一个世界"的,显然这

---

① 艾伦·格林斯潘(1926—),美国经济学家,美国第十三任联邦储备委员会主席(1987—2006),任期跨越6届美国总统。
② 亨利·韦克斯曼(1939—)美国民主党议员,曾任众议院监管和政府改革委员会主席。

些与每个人的房屋抵押贷款以及公司运行毫无关系。他们说房价就是会涨,这一切也许发生过——财富确实出现过,但经过了某个神秘的过程,又消失了。在那个世界里,经济学和市场原则和人没有关系,无论人们生产什么、创造什么、需要什么以及如何工作,通通不再重要。

技术进步肯定会改变市场。当金钱变得越来越抽象,从原来的白鹿皮与金属变成了随时买进卖出的贷款组合,越来越多的人开始认为金钱似乎唾手可得。其实财富获得的可能性越大,风险也随之而来。

即使我们有能力造出在 300 微秒内把全世界买卖 12 次的电脑系统,即使数学模型再迷人,我们也离不开一个事实:经济学的核心是人。这些人工作、生活、繁衍;这些人出生、衰老、死去;这些人还有性别差异;这些人在生命的不同阶段需要各种帮助。

一个社会必须是让人能够更好地生活。

第八章

男人也不像个经济人

第八章

20世纪50年代以来,心理学家和经济学家便开始系统地验证经济学理论中对人所做的假设。他们希望找到一个答案:谁是经济人?他们针对人的思维方式和决策过程做了各种实验,还对人类脑部核磁共振扫描的结果进行了研究。

1979年发表了第一篇直接质疑经济人假设的文章。两位以色列的研究人员丹尼尔·卡内曼[①](Daniel Kahneman)和阿莫斯·特沃斯基[②](Amos Tversky)证明,人的决策和经济学家假设的恰恰相反,既不客观也不理性。卡内曼2002年获得了诺贝尔经济学奖,有人猜测这应该就是经济人的末日了。

卡内曼和特沃斯基的研究证明,相比于追求最大利润,人更在意的是规避风险。描述问题的不同方式,也会让我们得出不同结论。最初假设经济人的世界里每个人都是孤立无关的,而真实世界里各类背景脉络其实都会被纳入考量。

---

① 丹尼尔·卡内曼(1934—),心理学家,2002年诺贝尔经济学奖得主。

② 阿莫斯·特沃斯基(1937—1996),美国行为科学家,美国科学院院士。丹尼尔·卡内曼的合作者。

人的偏好也并非一成不变,会因评估方式的变化而改变。我们会更在意自己的拥有之物,比方说,我们失去一百元的痛苦,远远超过得到等值金钱时的快乐。换言之,维持原状很多时候比获益重要。

更重要的,很多时候我们会把他人的利益放在自我利益之前,即使这意味着自己会有损失。

真实世界里的人会在此生不再光临的餐厅里付小费,但经济人不会。既然这家餐厅的服务生永远也没机会在汤里放只苍蝇报复,经济人可以大模大样地把钱放进自己的口袋,一毛小费都不付就走人,而且完全不用多想。

真实世界里的人通常乐意合作,但经济人只有在有利可图时才会这么做。他也不会在乎在某种情境下自己是否拥有某些不公平的优势——他只想赢。

对于我们这些其他人来说,这些事都很重要。

人们在讨价还价时是不是面对面,这一点也大有关系。当我们认真看着对方时,通常会比较谨慎。经济人却觉得毫无差别,对他们而言,所有的情境都是一样的:精于算计的个人间博弈,没有脉络背景的问题。

现实中,人也不完全是理性和自私的个体。无论男女老少,常常会体贴、会苦恼、会忧虑,也经常很无私和非理性。重要的,没有人是一座孤岛。

每一个经济故事也不是独立的,反之,这些故事影响了经济的增长和下滑。当我们听说其他人如何致富,企业如何获利、创下新高,无论这些故事的真假,重要的是我们因此获得经验,认定了"船到桥头自然直""生命终将找到出路"等道理,结果某种程度上这些故事和道理就会影响我们,我们因而敢于花钱、敢于冒险、敢于创新。

同样的道理,当经济下滑,市场如自由落体不停坠下时,"惊恐的经纪商大声嘶吼着卖出"的可怕故事,则会让我们更紧紧握住存款。这样一来,我们的行为也加剧了衰退。我们的感受创作了故事,故事又影响了市场里的动向。

如果你身边每个人都打算拿出几百万美元再投资一栋房子,报纸上"房地产泡沫持续扩大"的斗大标题看起来就没这么可怕,你甚至还会要求房屋中介者帮你加价十万美元买下房子。热潮是一种效应,源头是透过社会散播出去的集体乐观信心。人的集体感受不容易轻易扭转,如果经济理论可以容纳这些因素,我们除了可以更多了解我们自己之外,或许还可以避免许多问题。

很多时候,影响我们经济行为的不是什么理性和什么动机,而是我们的情绪。而且,经济行为是集体的,而非个别的。经历过 2008 年全球经济危机的人,一定不会相信这是人们深思熟虑或是科学决策造成的结果(但据说人类所做的决定皆是理性而缜密的)。

早在 20 世纪 30 年代,凯恩斯就撰文讨论过因为人的感觉、冲动以及过于乐观而造成的误解,这些因素既能带动经济发展,也会造成阻碍。在 2008 年之后,又有人重新开始研究这一领域。乔治·阿克尔洛夫[①](George Akerlof)与罗伯

---

① 乔治·阿克尔洛夫(1940—),美国著名经济学家,2001 年诺贝尔经济学奖得主。

特·席勒①(Robert Shiller)两位经济学家认为,凯恩斯在20世纪30年代危机成因的研究中,曾提出过相关见解,但是被人们忽略了。正因为紧抓着凯恩斯理论中"人始终理性"的概念不肯放手,我们反而忽略了其他部分,没有看出市场中存在着集体情绪等因素。

如果我们都和经济人不一样,那么,"他"到底是谁?

"经济人像小孩子一样吗?"研究者们提出了这样的疑问。对正义和合作的期待,常会影响人的行为。比如我们期待团队其他成员的合作和分享,如果对方不愿意合作,或者自私自利、行事不公,我们会拒绝加入,即使退出对自己不利也在所不惜。

心理学家设计的对照实验以学龄前儿童以及小学二年级和六年级的孩子为对象,看看谁像经济人。实验发现,7岁以上的学生会跟成年人一样对不公平有所反应,而小一点的孩童行事作风就与经济人无异。

比如,5岁的孩子在面对分配方式时,他们并不在乎分配的公不公平,他们只想要自己尽量多拿。即使最终他们只能拿到一小笔,他们也认为比一点没有的结果好,他们对于手里能抓住东西总是很高兴。看起来5岁的孩子更像经济人,只是,推动全球经济能靠他们吗?或者,事实正是这样?

---

① 罗伯特·希勒(1946—),美国经济学家,学者,畅销书作家,2013年诺贝尔经济学奖得主。

研究人员证实，7岁以后人就会开始考虑公平正义等因素。因此，根据实验结果来看，经济人只是人的一个过渡阶段，其实在现实世界里，可能5岁小孩都不会那么简单。

没有哪个人类社会，只受到贪婪与恐惧、自利与理性这些因素的牵动，这些因素是远远不够的。经济学家和哲学家阿马蒂亚·森曾举例：

"请问火车站在哪里？"外地人问。

"那里。"村民一边说，一边指向另一边邮局的方向，"能不能请你顺便帮我寄这封信？"

"当然可以。"外地人说着，心里盘算着等一下要打开信封，看看里面有没有什么贵重物品。

这个外地"经济人"只会活在想象中，现实世界里不会存在。

经济学用复杂的数学公式说明经济人为何这样做、那样做，与此同时，心理学研究则证明真实世界的人通常不会选择最理性选项。其实我们甚至根本不知道什么是"最理性选项"。在复杂的真实世界里，没有人能综观全局，列出每一个选项再相比对照，计算出不同获利并追求最大价值。

我们真的不具备那样的能力。

新自由派经济学家米尔顿·弗里德曼曾以台球为例。想一想技巧高超的台球高手，尽管看他打起球来就像精通物理学的碰撞和反弹，其实他不一定了解物理法则。假设我们建立一个模型来预测这名撞球高手的行为，在模型里，我们会简单地假设他深谙物理法则。这个假设或许不成立，但不管怎样,模型都可以发挥作用,因为撞球高手打起球来就仿佛是深谙物理法则的专家。

换言之,人或许不像经济人。但弗里德曼说,我们的行为就如同经济人一样。于是,以经济人建立的模型就可以预测人会怎么做,甚至因此预测经济会发生什么状况。

如果这套逻辑成立的话,评判经济学和经济学家的标准,就不是他们对人的看法正确与否,而应该是他们研究得出的结论与人们在市场中的实质行为是否一致。

坦白说,经济学在预测市场这方面的表现并无特别突出。2008年全球金融危机期间,英国女王伊丽莎白二世访问伦敦经济学院(London School of Economics and Political Science),专家学者齐聚一堂,探讨评点当时正在蔓延的危机。女王一脸惊讶地问道:"为什么没有人看出会发生这种事?"这个问题问住了所有专家。

哈佛大学教授兼美国外交官约翰·肯尼思·加尔布雷思[1](John Kenneth Galbraith)曾语带讥讽地说,上帝创造经济学家的用意是为了让占卜者们享有更高的声望,而加尔布雷思本人正是一位享誉国际的知名经济学家。

得过诺贝尔经济学奖的美国经济学家罗伯特·卢卡斯[2](Robert Lucas)觉得有必要回答一下女王的问题,他在《经济学人》杂志上给出了他的解释:经济学无法预测危机,是因为

---

[1] 约翰·肯尼思·加尔布雷思(1908—2006),美国经济学家和政府官员,新制度学派的领军人物。

[2] 罗伯特·卢卡斯(1937—),美国著名经济学家,芝加哥经济学派代表人物之一,1995年诺贝尔经济学奖得主。

谁煮了亚当·斯密的晚餐？

他们早就预测了这类事件就是无法预测的。不知道女王陛下是否读到了这个答复？

全球化市场对于经济的影响力与以往相比是天壤之别。最近的几十年里，人们比过去更加认真聆听经济学家的意见，但结果却危机频传。1987年美国股市崩盘、日本经济崩溃；1994年墨西哥金融风暴；1998年美国长期资本管理公司①(Long-Term Capital Management，简称LTCM)倒闭[此前一年，迈伦·斯科尔斯②(Myron Scholes)和罗伯特·默顿③(Robert C. Merton)刚刚获得诺贝尔经济学奖，得奖理由恰恰是他们关于长期资本管理公司绝对不会倒闭的相关研究成果]，同年还发生了俄罗斯金融危机和亚洲金融风暴；千禧年之交时则是科技公司的泡沫破灭；最后是2008年的全球金融危机，这也是大萧条以来最严重的危机。几乎对于所有的经济学家来说，这场危机都是无法预测的、让人震惊的意外。以上这些案例说明，经济模型研究的失败不仅仅是预测，而是在面对复杂经济环境时，它根本没有任何用处。

---

① 美国长期资本管理公司，创立于1994年，主要活跃于国际债券和外汇市场，利用私人客户的巨额投资和金融机构的大量贷款，专门从事金融市场炒作。曾与量子基金、老虎基金、欧米伽基金一起被称为国际四大"对冲基金"。1998年，以美林、摩根为首的15家国际性金融机构注资37.25亿美元购买了LTCM的90％股权，共同接管了该公司，从而避免了它倒闭的厄运。
② 迈伦·斯科尔斯(1941—)，美国经济学家，1997年诺贝尔经济学奖得主。
③ 罗伯特·默顿(1944—)，美国经济学家，1997年诺贝尔经济学奖得主。

第八章

苏联解体之后，国际货币基金组织（International Monetary Fund）与美国财政部都希望快速推动俄罗斯的民营化。一批经济学家尝试将俄罗斯从计划经济转为市场经济，而且坚信转化过程可以短到以天计算，而非以年计算。他们的理由是，如果将原有的共产主义一层层剥离后，完全由理性经济人组成的国家便可以趁隙而入，俄罗斯人民也就能开始建立一个充满活力的全新资本主义社会，仿佛过去他们从未实行过不一样的制度。除此之外，俄罗斯的历史、制度、财富分配方式和社会惯例，都被视为不重要的，这些细节没有必要纳入考量。在经济学家的世界里，经济原理是放之四海皆准的真理，经济学准则能超越所有的存在性特征，包括历史、内外部环境等因素。模型里只有一个世界，只有人类的天性，只有经济人。

现在大家都知道最后的结果了：一小群寡头执政者很快掌控了俄罗斯的资产。忽然之间，政府付不出退休金了，整个国家的资源被轰轰烈烈地卖掉了，所得款项全部转进瑞士与塞浦路斯的银行账户。整件事看起来更像是有组织的犯罪，而非有组织的市场。整个国家的生活水平远低于改革之前，千百万人民不禁想知道，难道这就是民主吗？他们说，如果是这样，那就不用了，谢了，然后选出承诺稳定与恢复荣誉的普京（Vladimir Putin）当总统。

20世纪90年代，俄罗斯人均收入年年下滑，乌克兰也经历了类似的阶段。反倒是不太理睬国际货币基金组织相关经济发展建议的波兰，经济发展的表现要好很多。

波兰团结工会领导人、后来的总统莱赫·瓦文萨①（Lech Walesa）说，要把资本主义的经济体变成共产主义"就像是用水族馆里的鱼做鱼汤"般容易，难的是反其道而行。

市场不是一台和谐运转的时钟，不是所有的个体一辈子理性遵循的结果，而是要复杂得多。如果说市场有什么特色，最显著的就是不断面临变化的巨大压力，市场不带任何情感地抛弃旧的企业、旧的技术以及一切没有用的东西，很多时候，这个"东西"其实是人。正因为市场是冷酷的，因此才能将经济发展带到一个高度，但也基于同样的理由，他也可能让经济跌回原点。市场在某些领域效率极高，但在某些领域也可能彻底失灵。或许可以为"市场"贴上很多标签，除了以下的这些：机械的、简单的和必然的。

经济学家们自己也承认一点，就是尽管对经济人的假设或许不够完整，但从实用性来说已经够用了。无可否认，经济学家教我们理解这个世界的运作方式，以及如何让这个世界变得更好。经济学家们认为经济人能助他们一臂之力，于是用数学模型简化人与市场。化繁为简是一种工具，我们在很多领域上都会这么用。

比方说，我们会说地球是圆的，但其实不是，地球是椭圆的，表面还有高山、深谷以及不断融化的极地冰盖。

即使我们说地球是圆的，也不能假设地球是正圆形并以此来画地图，更别说用这样的地图航海或发射导弹了。我们

---

① 莱赫·瓦文萨（1943— ），波兰政治活动家，团结工会领导人，1990年12月至1995年12月任波兰总统。

第八章

画地图时,会努力测量地球表面的不规则之处,并将其放入地图之中。但我们面对经济人时却不做类似处理,以简化的经济人为核心构建的模型,用来引导全球经济的发展,同时也用来解决贫穷国家的重重问题。我们的心态似乎是:拿去用吧,努力把该做的事做好就行!尽管我们30年前就早已知道:所谓的模型和假设,往好里说,是个简化的假设;往坏里说,只是一个幻觉!

时至今日,经济逻辑仍基于经济人定义。大学课程"经济学原理"中的"人"仍是经济人,而把这些逻辑应用于生活领域的科普书籍,就更数不胜数了。虽然多年来的事实已经能证明,经济人在真实世界中的作用极其有限,但我们还是被经济学家们的研究影响着每个人的日常选择,经济人也依然坚持认为我们和他很像。

如果有人爬上教堂的塔顶像公鸡一样打鸣,你会认为他疯了。但你又是如何知道的呢?有人热爱高空跳伞,有人攀登喜马拉雅山,这些也都是疯狂之举。你不试图用莴苣叶伤人,如果你这么做,你就是疯了;不过如果你用刀子伤人,你可能还是会用疯狂来为自己辩解。现实的人可能会疯狂,但经济人不会,他永远都是理性的。

一个不顾健康酗酒的酒鬼,每个人都认为他疯了,有一天,如果你拿枪抵着他的头,不让他喝酒,他肯定马上放下酒瓶。这意味着什么,其实不喝酒这个选项是存在的,以前他只是不选而已,除非用枪抵着他的头。如何判断疯狂?如何选择才是真的对自己有利?

有一个人趁着夜深,从公园抓了11只天鹅放在自己的公寓里。这些天鹅是他一只一只偷抓的,然后包在毯子里带回家,每天喂养,与它们一起生活。有一只大鹅的翅膀受了伤,他还买来药物救治。当警察来追回失窃天鹅时,这个人非常难过。到底应该如何界定他的行为?有什么问题吗?或者,就像经济人说的,他只不过是特别偏爱天鹅而已?

有些人一天要洗 200 次手,有人开车时绝不左转,有人每天花 10 小时看体育节目,有人每天花 15 个小时洗刷浴室。有人担心阿森纳队(Arsenal)输球,他的所有心思就会系于阿森纳队一身。如果你害怕细菌,你就会全心全意地关注清洁这件事。这是单一逻辑或者叫单一理性,受其影响,你可能会因为不舒服而选择其他疯狂行为。如果从全局而言,似乎看不出这样的逻辑和理性有什么意义,因为其意义被关在了不应该开启的盒子里。就像许多精神病患者始终坚信,疯的是别人而不是他们自己,他们的举动是对异常环境的正常反应。你关掉病房里的灯,他因此恼怒大吼,出自他口中的声音,其实也是一种需求的表现形式。

这个世界始终运行在它为自己铺设的轨道上,就像地狱里的旋转木马。这个世界定义的唯一模式就是"你的收获要高于付出",其他的一切都不重要。这是一支朝向同一目标前进的队伍,即使你身在其中,却依旧孤独。这只有一套逻辑,一个世界,而你自生自灭。

这就是我们依附其生存的世界。

第九章

经济性的动机并不像我们认定的那么单纯

第九章

从前有一对夫妻,他们有一只很特别的鹅。每天早上他们起床时,这只鹅就会生下一颗纯金的蛋。一开始,两个人不知道这个特别的蛋是什么,只发现它沉重如铅,体型也比一般的蛋大。最后他们终于知道了真相,于是开始把金蛋一颗一颗卖出去。一段时间后,他们变得十分富有。

"设想一下,"有一天,丈夫对妻子说,"如果我们能一次就把鹅体里的金子全都掏出来就好了。"

"对啊!"妻子非常同意,"那样的话,我们就不用每天早上等它下蛋了。"

于是,这对夫妻跑到院子里,抓住鹅然后杀掉了它。他们急迫地切开死鹅后却发现,除了鹅血、鹅肉和内脏之外,找不到任何金蛋,这只鹅的内部和其他鹅并无区别。

但对于这对夫妻而言,今后不会再有金蛋了,因为会生金蛋的鹅被他们亲手杀掉了。

经济学语言非常严肃,我们对其重视的程度,超过了其他任何语言。

第九章

"调高成长预测使得公共财政更为稳健。"

"规范市场。"

"让市场决定。"

"营造公平竞争环境。"

"降低准入门槛。"

"做出艰难的决定。"

"需求刺激的直接手段。"

"调高生产力预估。"

"货币发展利空。"

"竞争导向的市场。"

"极显著边际效应。"

经济学语言描述的是最纯粹的必要性。经济学让我们知道要做什么,但谁都不知道,下一次我们会如何选择。

经济学的语言是对理性的迷恋。

历史上,市场最早出现在人类居住区域的附近或是村落中间地带,目的是便于商品交换。设置市场的重要机制,是使其存在于人类社区或群落之外,这一逻辑意味着市场买卖不应和社会其他方面混在一起,市场应是单成一体存在于人类社会的周边。于是,最初人们使用各种仪式和咒语,明确划出市场范围,也就是交易的地点,并以石块作为记号,市场的行为和逻辑仅限于石块标记范围之内。市场之外的区域,人类则认为是神圣和稳定的,自己也居住在这些地方。

几千年过去了,市场的逻辑也早已突破了最初的边界,不断向上、向外、向内,向各个方向延伸,进入了人类的全部世界。"经济学"变成了"理性"的代名词,"买进""卖出""竞争"则成了整体社会形象的代表,分析政治时用的是经济学,分析法律和爱情,用的还是经济学——经济学涵盖了人类的全部存在。我们每做一件事,就有人将其和自利、竞争以及最低成本满足最大需求等经济概念联系起来。英国剧作家奥斯卡·王尔德①(Oscar Wilde)曾讽刺道:"我们知道一切事物的价格,却不知其真正的价值。"其实衡量价值的是需求。

市场进驻了大型都市的中心地带,高高耸立的建筑成了大城市的定义:纽约、上海、东京、伦敦、吉隆坡。银行与金融中心的摩天大楼成为各个城市的主要风景。过去人们无法盖出这样的高楼或创造这样的大规模都市,现在不仅做到了,还在摩天大楼的顶楼架设安全网,以防止人们因商业失败而从高楼跃下。

在经济人的假设伴随着市场的延伸渐渐掌控世界的同时,市场依旧和最初一样,需要人的"仪式"和"咒语",甚至更胜以往。人类总是非常关心市场的感受,市场就像是一头让人惊叹的情感丰富的野兽,有着积极的、担忧的、过热的、开心的或是让人沮丧的各种情绪,市场的内心世界也很丰富,全球所有的媒体,无不全心全意地注视着市场的每一次脉动。

有时候,市场会思考、会盘算:

"市场不顾价格预期而上涨。"

---

① 奥斯卡·王尔德(1854—1900),19世纪英国最伟大的作家与艺术家之一,以其剧作、诗歌、童话和小说闻名。

第九章

"昨天市场挣扎着做出了决定。"

"市场将政府的决定理解为不会让货币贬值。"

"市场的迅速反应让所有人大跌眼镜。"

"市场自己得出了结论。"

有时候，市场很顽固、不开心：

"市场对政府举措未作反应。"

"市场仍不相信意大利决心支持企业。"

"德国央行让市场很失望。"

市场会变得具有侵略性且极为暴力：

"希腊政府发现市场已经对自己全面开战。"

"美国可能会放任市场击倒美元。"

"市场充满血腥气息。"

"央行仍库存大量'弹药'。"

"我们必须说服市场，我们要的是企业！"

但市场也会觉得不太好过：

"上周市场非常紧绷。"

"英镑贬值让市场很沮丧。"

"市场在遭遇重挫之后仍继续下跌。"

"市场的紧张焦躁应归咎于（瑞典）财政部长安德斯·博格（Anders Borg）。"

"他的言论让市场很困惑。"

"市场主要的氛围是不安。"

"市场经历了一阵痉挛。"

"市场气氛很低落。"

谁煮了亚当·斯密的晚餐?

"昨天葡萄牙试图安抚市场。"

当市场非常沮丧时（不管是长期消沉，还是某种形式的急性焦虑），社会就得开出某些条件来安抚市场。我们要在市场里砸钱，经济需要"刺激"。人们、政府或是两者都必须消费更多，以推动市场持续运转。尽管这样做成本很高，但不这样做的后果更可怕，让人想都不敢想。消费变成了灵丹妙药——不管是什么病，这一味"神药"不可或缺。

"听到那些刺激来刺激去的言论，你会以为经济体是一个很大的人体兴奋点。"美国记者芭芭拉·埃伦里奇[①]（Barbara Ehrenreich）这样写道。不过即使这样比喻，经济体的复杂度也是女性身体不能相提并论的，但触碰还必须要轻柔。

一方面，经济体代表了理性的清晰声音（最理想的方式是复杂的数学模型），另一方面，市场的情绪也同样重要，而且这是一种狂野且不受制约的情绪，用得上最微妙的表达方式——就像《金融时报》（Financial Times）、《工商日报》（Dagens Industri）和《华尔街日报》（Wall Street Journal）这些媒体的专栏文章一样。

有趣的是，我们在描述市场时，市场也有情绪，和人一样；但当我们在描述人类自身时，却越来越不认为自己有血有肉有情感，仿佛只是一件商品或是一家企业，放在市场里待价而沽。

"我必须思考一下我的个人品牌。"

---

① 芭芭拉·埃伦里奇（1941— ），美国女权主义者，政治活动家。

第九章

"你必须在我们的关系上做点投资。"

"很高兴再次进入市场。"

"在这段关系中,我欠你的。"

"你必须更擅长推销自己。"

"孩子是我们投资的未来。"

"他不想承担情绪成本。"

"她的有效期已经过了。"

原本用于人的语言被用来描述市场,同时越来越多用来描述市场的词汇被拿来描述人。

经济体变成人,人变成了经济体。

在《小两口经济学》(*Spousonomics*: *Using Economics to Master Love, Marriage, and Dirty Dishes*)一书中,作者葆拉·舒可曼[1](Paula Szuchman)与珍妮·安德森[2](Jenny Anderson)保证,经济学原理能帮助我们改善和另一半的亲密关系。

舒可曼和安德森将婚姻视为一份商业投资和运作,这本书旨在帮助读者学会如何创造出最大收益。市场的逻辑被搬到了卧室里。这么做的出发点,就是每一段亲密关系都被定义为一个小经济体:同一个屋檐下生活的两个理性人。与经济学的假设一样,婚姻也是资源有限的事业,必须有效分配资源以创造出丰硕的成果。依据舒可曼和安德森的实践,市场原则可以帮助我们解决婚姻里的一切问题:谁洗衣服,如何教育孩子,甚至如何有爱无性地共同生活。

---

[1] 葆拉·舒可曼,《华尔街日报》编辑。
[2] 珍妮·安德森,《纽约时报》记者。

在她们书中,有位叫霍华德(Howard)的角色。

霍华德每天晚上回到家,常常会大发雷霆。孩子的玩具到处都是、无处下脚。他的妻子珍(Jen)用尽一切方法都没用,霍华德总是会大发脾气,直到妻子开始使用《小两口经济学》传授的法宝。

标准经济学理论认为每个人都是自私的,并会对不同诱因给予相应反馈。比如训练狗,如果你要求狗坐下,它照办后就要给奖励。奖励是一种诱因,狗坐下则是对诱因的反应。经济人也会响应诱因,经济人就像一台超光速计算机,能够迅速计算出他在各种情况下的得失。

根据以上理论,一个人能从其自身的历史行为中追溯出他的得失。既然霍华德大发脾气是大家都不希望的,既惹恼他的妻子又吓坏了孩子们,因此必须要给霍华德某些诱因,让他停止这些行为。

要他不发脾气,一定要给他足够高的诱因。

说做就做,珍设计了一套诱因系统。如果霍华德连续三晚不发脾气,她就跟他上床作为奖励。结果正如预期:霍华德果然不再乱发脾气了。这证明了经济学交易原则的有效性,也让舒可曼和安德森非常开心。可能会有人说,这种以性为交易是一种倒退。

《小两口经济学》一书中没有提及的是,当珍使出经济性诱因这种计谋时,她就既改变了婚姻的本质,也扼杀了性的美好。婚姻中的性,如果非要算作一种奖励的话,一定是夫妇两人一起进入的奖励系统。在书中,霍华德似乎从一个男人变成一个小孩,别人用性喂食他,以让其保持平静。而书中的妻子珍,她的身体不再是她自己的一部分,而是变成了用来取悦她丈夫的工具。这种老掉牙的做法,不管用什么经济学公式也无法让它显得有多先进。

其实,经济诱因并不如我们想象中那般复杂。

一个世纪之前,越南首都河内爆发黑死病。为了抑制疾病的蔓延,市政府聘用了捕鼠人杀老鼠,尤其是杀死下水道里的老鼠。尽管捕鼠人非常忙碌,但老鼠的繁殖速度远比捕杀速度更快,虽然每天都杀掉几千只,但老鼠的数目看来并没有减少。

于是,法国殖民政府要求公众协助捕鼠并给予奖励,每交一条鼠尾给当局,就可以得到奖赏。一开始,这套方案看似很成功,每天上缴的鼠尾有几千条,但很快当局便怀疑其中有诈,因为街头到处都是没有尾巴的活鼠,有人甚至开始饲养老鼠,唯一的目的就是割下鼠尾以获得当局的奖赏。

很多问题的症结就在于你只能按照付出获取回报,而且结果一定不会超出预期——就像河内的故事,付钱买鼠尾,得到的就是鼠尾。河内的捕鼠方案随即被终止。

以色列的一家幼儿园有一个令人头痛的问题:忙于工作的家长们总是没办法准时下班来接小孩,于是幼儿园的员工只能天天加班。于是两位经济学家对这一问题进行了研究。

为了让家长早点接孩子回家,幼儿园决定对迟到的家长实施超时付费制度,太晚来接孩子的家长必须缴纳超时费。但这一措施却导致家长更晚才接孩子。为何会发生这样的情况?

谁煮了亚当·斯密的晚餐?

当幼儿园决定实施超时费措施时,他们犯了一个错误,准时接孩子本是家长应尽的责任,家长们很清楚如果没有在下午五点前接走孩子,就会给幼儿园的工作人员造成麻烦。但超时付费实际上等于给晚接孩子这件事做了定价。而一旦某件事有了价格,而你又付得起的话,你就可以做出"正确"的选择。

于是,家长开始把超时付费当成幼儿园提供额外服务的费用,幼儿园这一错误的严重之处是改变了家长和幼儿园员工之间的关系,甚至家长们连道德上的约束都没有了。人做事不能过于关注金钱,一旦你把重点放在了钱上,不同情境的参数和要素就随之发生了改变。

如果你付钱请路人帮你从卡车上卸下沙发,很多人不一定愿意;如果你只是请他帮忙,他可能反而愿意给予帮助。金钱的因素一旦加了进来,帮忙的动机就被赶出了场。加进了金钱,就变成提供服务以换取报酬,这时候很多人都会失去兴趣。

在标准的经济学模型里,经济学家通常假设诱因越多越好,1+1一定大于1,有两个理由让别人去做事,总是比只有一个理由好。经济人便是这样运作的。如果经济人不想给幼儿园添麻烦,于是准时去接孩子。这时候不想添麻烦就是他的诱因,这一切不会影响他对金钱诱因的反应,他不会把这两者放在一起考虑。但我们这些真实的人就会比较复杂,这些诱因确实会影响我们。

如果老师的薪水与学生的标准化测试成绩有关,学生分数越高,老师就挣得越多,那么这一制度肯定会提升学生的分数,但不一定能教出好学生。

如果公司股票上涨,总经理就能得到大笔分红,那么总经理一定可以确保股价上涨,但不一定会做出对公司长期发展最有利的决定。

在设定诱因时,我们通常会去找最容易衡量的因素,然后简化成指标指向希望强化的部分。在标准化测验中得高分是衡量学生知识的指标,就像股价是衡量企业表现的指标一样。

但通常会发生这样的情况:人们会围绕着诱因打转。老师开始教授学生如何在考试中得高分,而不是传授知识。总经理开始做出一些短期内能推升股票的决策,而不是不断提升公司的核心竞争能力。

经济诱因的问题不是它们没用,而是即使发挥了作用,常常改变了情境的本质。有时候是否改变情境没那么紧要。比如慈善机构在印度郊区提供免费疫苗时,尽管是免费,但仍然有80%的印度孩童没有注射疫苗。为了让更多的孩子注射疫苗,慈善机构开始采用诱因。他们发现最有效的方法就是给注射疫苗的人提供免费的炖扁豆,那些以前不给孩子接种疫苗的家长,现在都来了,接种疫苗的比例大幅提高。这个案例说明,在很多情况下,经济诱因效果极强。然而,人并不是只知道不断追逐奖惩、一举一动都为了诱因的独立行为者,这个世界并非一切都仅仅基于经济上的算计。如果你引进经济诱因,就存在着与以色列幼儿园一样的风险,整个情境的本质被改变,所有的核心要素也完全被重新定义。

瑞士在举行一项关于是否储存核废料的全民投票之前,

先做了一个经济研究,科学家想知道人们如何看待这个议题。

他们带着问卷,逐户拜访居民,对于能否接受在自己住宅附近设置核废料场的问题,一半受访者的回答是可以接受。

人们当然明白核废料场很危险,而这样的设施必定会让他们的住宅贬值,这些都是人们不喜欢的。但如此一来,核废料场就要迁往他处。所以,很多人觉得如果政府希望设在此地,他们就有责任接纳,他们把这个选择看作是瑞士公民的责任。

把问题改变一下,当人们被问到,如果每年可以得到一笔相当大的补偿金(相当于一般劳动者6周的收入),他们是否愿意接受设置核废料场,这时候愿意接受的人只剩下25%了。研究表明,人们希望成为好公民,但一旦涉及补偿,人们思考的就成了另一回事了。金钱诱因扼杀了真正的良好动机。

会下金蛋的那只鹅,完全不同于我们的想象。也正因如此,我们害得它丢了性命。

我们加入经济诱因的初衷,是相信经济力量是唯一影响人类行为的驱动因素,但随后我们发现很多其他驱动因素被驱逐出场。经济人闯入情境的同时,赶走了道德、情绪与文化上的诸多因素,而这些因素其实对于经济体的功能产生和发展过程,都曾产生过极为重要的作用。如果从这一角度来看,市场的问题就不是原理难以理解那么简单了,而是会动摇这个社会最重要的那些基础要素。

第十章

人并不一定会因为金钱的欲望而变得自私

第十章

女性主义经济学教授南希·佛伯尔①(Nancy Folbre)经常讲述一个故事:

从前,女神们决定举办一次国家间的比赛,有点类似奥运会,但又不像赛跑那样——同时出发,谁先到终点就可以赢得奖牌。女神的竞赛是以整个国家为单位,看哪一个国家最终可以整体到达终点。

发令枪响起,几个国家一起出发,一号国家很快冲到了最前面。一号国家鼓励每一位国民都全力奔跑,以最快速度冲向未知的终点线——显然他们假设距离不会太长。他们一开始跑得非常快,但没过多久小孩和老人就跑不动了、落后了,没有人停下来提供帮助,跑在前面的人因为大幅领先对手而乐昏了头,不愿意浪费时间来为别人提供帮助。但是,随着比赛的持续,连跑在最前面的人也开始累了,慢慢地,越来越多的人疲倦不堪甚至伤痛累累,不过此时也没有人能为他们提供帮助了。

---

① 南希·佛伯尔(1952—),美国女性经济学家。

二号国家的策略完全相反。这个国家让男性打前锋尽量往前冲,女性殿后负责照顾孩子和老人。这意味着男性们可以跑得飞快,当他们疲惫时,女性们会做好后勤工作,随时可以助他们一臂之力。一开始这个系统非常完美,运转顺畅,但很快冲突就开始影响系统的正常运转。男性认为他们为比赛做出的贡献更大,但女性认为她们的付出至少和男性一样重要,如果不用照顾孩子和老人,她们至少可以跑得和男性一样快,男性当然拒绝接受这种说法。于是,这套原本看来极具竞争优势的策略也失去了动力,越来越多的精力花在了冲突、谈判和斗争上。

最后,女神们把目光转向三号国家。这个国家的速度相对慢了些,但众女神发现这个国家的前进速度比其他国家更稳定。这个国家要求每一个人都要跑,但也要照顾能力弱的人。国家既鼓励男性领跑,也鼓励女性领跑,同时每个人也都要兼顾照料老幼的责任。跑步的速度和其他的努力都会被认为是有价值的贡献,这样的策略使得全体人民团结一心。这个国家最终赢得了比赛。

这真是一个美妙的故事。

每个社会都必须设计出一套人们互相协助、互相支持、互相配合的架构,否则就像故事里那样,不论是经济还是社会,都无法正常运作。"如何才能享用晚餐?"是经济学的基本问题,尽管经济学之父亚当·斯密给出"人人自利"作为答案,但每天晚上替他做好晚饭端上桌的是他妈妈,当他生病时照顾他的也是她。

没有了照顾，孩子们无法健康成长，疾病难以痊愈，亚当·斯密无法写作，老人们甚至无法生存。正是在被他人照顾的过程中，我们学会了合作、同情、尊重、自律和体贴，所有这一切，都是最基本的生活技能。

经济学让人们"把爱封存"，因为体贴、同情和照顾都不是经济学认定的创造繁荣的要素，都不在经济学分析和考量的范畴。所以，当讨论经济和金钱时，我们必须把"爱"放在一边；反之，当讨论体贴、同情和照顾时，也要把金钱排除在外。于是，世界被一分为二，一边是为了钱去做什么，另一边则是出于体贴和同情，这两边还永不相交。

"金钱是人类快乐的抽象体现。"哲学家亚瑟·叔本华（Arthur Schopenhauer）写道："金钱出现之后，人类便再也没有具体的快乐了，所有的心思都放在了金钱上。"金钱是一种凝结了的渴望，金钱不是对某个商品的特定渴望，而是满足一般性渴望的符号。

人崇拜并渴望金钱，但就像对待大多数的渴望一样，到达一个程度之后，渴望程度就会下降，女性尤其如此。

传统观念里的照料和关怀都在家中进行，"家"被视为男性在冰冷的、无情的、充满铜臭的世界里忙碌一天后的港湾。在家里，男性可以沉浸在由情感、温柔和感性编织的女性温柔王国里。

在家里，男人不再是机床里的小零件——靠经济诱因让他们做出令人满意的行为。在家里，他可以远离市场规则，给自己放个假，让自己在女性的温柔目光里变得更好。女人的价值，不仅要通过关心来平衡男人的工作和生活，还要让

第十章

她接触到"市场"里无法获得的人类经验,以便更好地为整体社会正常运行营造平衡。

如果女性的温柔世界能够成为"市场"的重要补充,人类这个物种就不会跌入毫无节制的贪婪与竞争之中。通过关心与温情,女性为男性的残酷市场竞争赋予了更深的意义,这就是女性的经济效能。这种说法的起点可回溯到维多利亚女王的时代,在当时,资本主义已经发展壮大,有了自己的故事。

现在,照顾人的范围出了家门,医院、幼儿园和养老院里都需要照顾和护理工作。有人愿意去照顾他人,首先是因为这个人(大多是女人)是个好人,而不能马上就断定此人是为了赚钱或是开创什么事业。

最早的护士有很多都是修女,她们立誓愿意终生安守清贫。军队的护士队则由未婚女子组成,这些女性往往没有家庭,最终要嫁给某个男性共同生活,因此她们当护士的目的都不是为了赚钱。还有人认为护士的职业非常高贵又特别重要,这样的工作不应用金钱来玷污。

对待男性,适用的逻辑恰恰相反:男人的工作对社会而言很重要,因此应该支付相应的报酬。如果银行破产,整个经济也就完蛋了,所以为了确保安全,我们应该给大银行的(男性)管理者丰厚的收入和奖金。但这个逻辑不适用于女性,更不适用于类似护士这样的工作。

有人说,因为照顾和护理行业的薪资水平低,所以女性从业者较多;又有人说,因为从事照顾和护理工作的是女性,所以这类工作的薪资水平低。总之,其中的因果关系非常复杂。

谁煮了亚当·斯密的晚餐？

现代护理专业的创始人弗罗伦斯·南丁格尔①(Florence Nightingale)，1820年出生于意大利佛罗伦萨，父母都是英国人。她的名字取自出生地，父母以意大利亚诺(Arno)河畔的这座城市替她命名。她的家庭非常富裕，因此她有机会接受教育。

南丁格尔很小的时候就非常虔诚，深信成为护士是上帝的召唤。尽管母亲百般阻挠，因为护士职业在当时名声不佳，大多是穷苦家庭的女性才从事护士行业。不过南丁格尔不顾家庭的反对，还是坚持学习了护理技术与其他所需技能。

1853年，克里米亚战争②(Crimean War)爆发，这是欧洲列强长期争斗后企图瓜分奥斯曼帝国的一场国际战争。这场战争在历史上恶名昭彰，主要原因是效率低下的后勤保障体系导致大量人员伤亡。一场暴风雨就毁了三十多条船，药品、食物与衣物都沉入海底；军营里还有霍乱肆虐，这一切都让英国后方的人民非常担忧。这也是第一场现代化的战争，不光是因为战争中使用了战壕和火炮，还有无线电报的运用，远距离的信息传递不断加速。因为通信技术的大规模使用，使得这场战争变成第一场媒体得以实时报道的战争。

---

① 弗罗伦斯·南丁格尔(1820—1910)，英国护士，开创了护理事业。为了纪念这位近代护理事业的创始人，人们将她的生日5月12日设为国际护士节。

② 克里米亚战争是1853年至1856年间因争夺巴尔干半岛的控制权而在欧洲爆发的一场战争，作战的一方是俄国，另一方是奥斯曼帝国、法国、英国，后来萨丁尼亚王国也加入这一方。战争以俄国的失败而告终。

第十章

英国国内报纸大肆渲染战争的惨况,南丁格尔和很多人一样,觉得自己应该做点什么。1854年10月21日,南丁格尔和38名志愿者护士一同前往黑海,当时的野战医院建在伊斯坦布尔城外的斯库塔里(Skutari)的山上。在她们的船尚未抵达之前,英国报纸上已经发表了一篇文章,专门报道了这次探险队的杰出领队——南丁格尔小姐,包括她来自哪里、为何去前线为军方提供医疗服务等,这一新闻顿时引起轰动。

伊斯坦布尔横跨欧亚两洲,斯库塔里位于亚洲一方。在医院里,工作人员需要连续加班,非常辛苦,卫生条件也很差,传染病肆虐,很多病人在肮脏的地板上等死。南丁格尔拿出自己的存款以及英国《泰晤士报》(*The Times*)募得的读者捐款,开始购买必需品。她在医院附近租了一间房子,专门用于清洁和消毒衣物。她在当地市场买来各种农产品,并让所有的士兵都能吃到水果。她清楚饮食中如果少了水果,就会引发营养不良和相关疾病。过去,配发的食物是一份份生肉,很容易腐烂,她从伦敦聘来一名优秀厨师为大家做饭。

消毒工作开始发挥作用,死亡率大幅降低,南丁格尔小心翼翼地让这个统计数字维持在很漂亮的水平。虽然受到了军医的持续反对,但她仍对护理工作进行了革新。当南丁格尔返回伦敦时,不仅没有出现半点她的家族担心的闲言碎语,相反成了国家英雄,更成了传奇。她被描绘成身着白衣的美丽佳人,被称为"执灯女士"(the Lady with the Lamp),像一盏仁慈、温柔和责任的明灯,将满是伤兵的病房照亮。

南丁格尔在别人心目中的形象，是安静、害羞、细心的天使，对追求金钱毫无兴趣。在现实中，她是对经济学怀着极大兴趣的犀利社会评论家。她用统计为她的护理新思维奋战，这时她就不再是别人想象中的害羞形象了。

南丁格尔认为，上帝和财富并非敌人。从事护理工作是在执行上帝的工作，但这并不表示护士就不应获取报酬。做好事与追求富裕之间并无冲突，她多次在其文字作品中表达了这一观点。对于想在尘世里做好上帝工作的人来说，金钱同样是必要的手段。

南丁格尔毕生都在为护理行业的薪资待遇而努力不懈，但这一点似乎大多数人都不太愿意提及。人们容易被困在一个固有理念想法里：人之所以选择去做某件事，似乎如果不是为了爱，那就一定是为了钱，两者无法相容。这个想法和我们的性别也有关联，人们认为男性应该受到自利动机的驱动，女性则应该努力顾全大局。我们难以想象这两种驱动力会出现在同一个人身上，不论男女，虽然这可能是客观存在的。

人们会准时去幼儿园接孩子，或者接受政府将核废料场设在自家附近的决定，做出这些选择的动机远比简单计算经济利益的得失更为复杂。

人们想从事护士工作的驱动动机也类似，根本无关乎女性是否天生就该投身人道服务，或是应该创造温柔的家庭和社会以平衡冷酷的市场。即使是投身于护理行业，成为自我牺牲的工作表率的南丁格尔，也不是我们想象中的"南丁格尔"。更不要因此认为女性的天性就是照顾他人，女性的照顾是这个社会取之不尽、用之不竭的资源。世人让南丁格尔成为符合期待的白衣天使，其实正因为男性有这种需要，以便完整地维系他们的社会。

问题在于，这是可以长久的策略吗？

眼下的情况是，全世界都非常缺乏护理人员。女性除了照顾他们的工作之外难以拥有其他工作机会的日子已经过去了，她们有了更多选择，因此照顾他人的事情就缺乏人手了。

2000~2003年间，约有3500位菲律宾医生接受护理训练，成为护士。他们大多是打算移民美国，而美国护士的薪水比菲律宾医生的薪水高4~6倍。

接受了良好教育的护士，不断从非洲大陆向南非移动，再从南非移往加拿大，然后从加拿大到美国。撒哈拉以南国家的病患人数占全球病患的24%，但对应的护理人员占比仅为3%，护理人员极为匮乏。以津巴布韦为例，每1万人中仅有2.2名护理师，同样的占比在美国高了40倍以上。

在市场里，金钱决定了人的移动方向。

女性想为自己规划更美好的人生，不愿从事照顾性的工作，这直接导致很多国家严重缺乏护理人力。就算是西方发达国家，这个问题也难以解决。以瑞典为例，预计2030年合格护理人员的缺口将达13万人，美国的合格护士预计将短缺40万~80万人。

相比其他国家和地区的劳动收入，西方国家的护士收入已经算高的了，但即使如此，与市场上的其他工作相比，仍属于低收入范畴，所以想招募人力也很困难。由此看来，钱确实很重要。

护士工作会因为钱而变得没那么高贵或没那么重要吗？

从经济人的观点来说，一件事和钱有没有关系并不重要，因为自利是经济人的根本，其他一切，无论是他对金钱的态度、他的人生观还是他的生活方式，都不重要。但现实世界里的人们复杂得多，动机复杂、驱动因素复杂——就算在面对金钱时，也同样如此。

研究人员认真研究了金钱和想把事情做好之间有什么关系。一旦把金钱作为动机，关心、道德、忠诚以及做事中的快乐就会受到影响。事情似乎并不如原本想象的"人的动机越多，就更愿意把事做好"这么简单，以色列幼儿园家长接孩子的案例，或瑞士核废料场投票的案例，都证明了这一点。

然而，研究也同样发现，如果把金钱当成对工作的肯定，也能强化人的动机，会让我们更快乐、更有动力。

人们希望在工作上得到赏识、受到重视和获得支持，金钱是其中一种表现方式。毕竟大家都需要钱，没有人希望被剥削，女性亦然。重要的是，当一件事和钱有关时，不见得就一定要和自私画上等号。

亚当·斯密希望把爱收起来，放进罐子里封存。而经济学家则在罐子上贴上标签，注明这是"女性"，罐子里的东西不能和其他东西混在一起，必须分别存放。这个被"另存"的东西，被视为对社会整体毫无重要性，且完全自成一体。这个东西，根本不属于经济范畴，最多算是一种"其他经济"，或是一种不会枯竭的天然资源罢了。

后来芝加哥学派的经济学家这样总结：我们不能说这个"其他经济"不属于经济学，更适当的说法是，所谓的"其他经济"根本就不存在，我们完全可以用市场逻辑来经营家庭和婚姻，也做得一样好。

或者说，市场就是唯一的存在。

如果我们真的希望在社会中保有爱与关心，那就不该使用排除的方式，而是要用金钱和资源来提供支持。我们本应依据对人们的重要性排序来安排经济活动。

但实际上，我们做得正好相反。为了经济，我们重新定义了人类，以便将其套入到经济概念之中。

第十一章

负数的意义仍是零

第十一章

1979年7月,保罗·沃尔克①(Paul Volcker)成为美联储主席。当时美国通货膨胀严重,每一个人都预期明天的美元会比今天更不值钱,于是无论是工资和物价都节节升高,这反过来又使得美元更加贬值,然后工资与物价再次拉高,似乎每一天都在印证之前的预言,经济陷入了恶性循环。

沃尔克决定要不计代价对抗通货膨胀。短短几个月内,他重新制定了美国的货币政策。当罗纳德·里根(Ronald Reagan)两年后成为美国总统时,失业率为8.4%,通货膨胀仍达两位数。里根试着一方面以大幅减税和扩充军费开支来刺激经济,另一方面要求美联储对美国经济踩下刹车,上调利率,并提出一系列经济扩张政策。撒切尔夫人当时已任英国首相。她认为工会运动应受到控制,收缩政府规模,重振英国经济。他们两个人一拍即合,正好各取所需。

这是一个新纪元。

新自由主义,以前是晦涩难懂的政治学教义,现在则变成撒切尔夫人与里根经济计划的中心。"根本没有社会这个

---

① 保罗·沃尔克(1927—),1979~1987年在卡特政府和里根政府中担任美国联邦储备委员会主席。

概念。"撒切尔夫人曾这样说道。她认为需要考虑的只是自由的个体以及由他们组成的家庭,既没有社群也没有任何的集体。

最纯粹的新自由主义希望收缩和限制政府扮演的角色,政府只需要做好以下工作:货币发行,国家安全,军队、警察和司法系统的正常运行。政府和政治的作用,是构建和维系一套私有企业、自由市场与自由贸易可以良好运转的明晰架构,除此之外,没有其他的功效。但仍旧存在一些尚未构建出市场的领域,比如土地、公共资源、护理和养老、环境保护和教育,在这些领域,政府必须介入其中并创造出市场,进行私有化和民营化、分拆并建立起类似市场的关系,一切都应该可以进行交易和买卖。只有所有领域市场化之后,人类社会才能顺利运行。

新自由主义理论认为,政治应该创造竞争并维系竞争,只有让所有引擎都动起来,经济发展才能越来越好。

新自由主义的拥趸们,例如哲学家弗里德里希·哈耶克[①](Friedrich Hayek)与经济学家弗里德曼,他们对新自由主义的解读非常精妙,措辞水平远超膜拜理论的政治人物们,但所有的基本思维都是一样的:减税、缩减政府规模、放松金融管制。

无论是就业市场还是股市,如果让每个人都按自己的想法行事,经济就能不断增长,经济人也能更好地就业和创业,通过商业活动追求最大收益。这些都是经济人的天性,无需

---

① 弗里德里希·哈耶克(1899—1992),奥地利裔英国经济学家,新自由主义代表人物,1974年获诺贝尔经济学奖。

第十一章

打扰太过。优越的社会福利方案不仅会毁了市场,还会削弱每个人追求繁荣富裕的动力,安稳会让人麻痹,不想努力工作。

经济人永远都是最理性的,一旦他能够因失业或患病而获得政府救助,那他就会选择失业或患病——因为他能从中获益。

这个世界的资源有限,人类因为需要彼此竞争以求生存,所以不得不遵守游戏规则。市场的出现和社会中的种种差异如贫富差距,都是为了让人更好地竞争、维系人类的正常秩序。如果人类无须竞争就能获得所需的一切,那就没有了遵纪守法的必要。

因此,直接为人们提供所需的,而不是设法让他们通过努力工作去赚取,这是不道德的。这种诱因会让人们放弃挖掘自身全部潜力,而这对人类毫无益处。人是理性的,如果我们打造出一套偷懒是理性行为的系统,社会最终就会变成一个偷懒的社会。

以上观点告诉我们,这个世界总有赢家和输家。赢的是那些遵守纪律的人,遵守纪律就应该成功。而能够赚到钱,则变成一个标签,成了好人的象征,因此给高收入者降低税负也就合情合理了。

反之,不成功则代表无纪律,那么,不守纪律的人为遵守纪律的人服务,天经地义。越来越多低薪服务工作被开发出来,供那些不守纪律的、散漫的人来做。正是依靠这种方式,所有人才竭尽全力,自由市场激励着我们更加努力地追求繁荣富裕。

撒切尔夫人与里根的观点就在于希望用简单原则来拯救衰退的经济。但不管是英国还是美国,在20世纪80年代的10年里,两位领袖都未能顺利地在各自的国家实现之前的承诺,都未能创造出应有的成果。两国经济都是先衰退,之后稍有增长(这是经济衰退开始好转时的常见状况),两国不断与通货膨胀缠斗,利率下滑,但失业率居高不下。这段期间内,英美两国的社会都出现了愈来愈大的裂痕,生产力增长速度极为缓慢。

20世纪80年代新自由主义在理论领域或许占了上风,但从经济上来说,西德和日本才是这10年里的真正赢家。这两国的央行确实也不断地与通货膨胀对抗,但他们没理会新自由主义的那一套。

西德的薪资水平高,工会力量也大,日本经济的特色则是由政府大力投资。但即便如此,多少还是受到了一些新自由主义的影响。毕竟,这绝对不仅是一套简单的经济方案。

新自由主义的经济理论粉墨登场,承诺解决滞胀(stagflation)问题。滞胀是一把双刃剑,20世纪70年代末期出现在全球经济体中,其特点是高通货膨胀加上高失业率,这两种问题同时出现,而之前的经济学理论一般认为这两者不可能同时出现。

受凯恩斯思想影响的经济学家坚信,如果失业率下降,通货膨胀会加剧,反之亦然。当失业率下降,工人都能就业时,他们就有筹码去谈判加薪,物价将会随之水涨船高;当失业率上升,就会出现相反的情况,这是简单的二选一。但滞胀的出现说明事情并没有那么简单,最初的假设存在问题时,会出现新的问题。但在此之前,没人想到这些新理论竟然这么脆弱。

"为了帮助穷人和中产阶级,我们必须降低富人的税率。"美国作家乔治·吉尔德①(George Gilder)写道。1981年他出版了《财富与贫困》(Wealth and Poverty)一书,卖了100万册。里根总统兴奋地把这本书分送给朋友与顾问。吉尔德在书中论述了资本主义在道德上是完美无瑕的,还提出了一个让人诱惑的论调:如果富裕的人更加富裕,就能够拯救整体经济。

降低富人的税负是对穷人的最大帮助,这就是吉尔德极力主张的观点。如果富人手里有了更多钱,他们就会创业、投资新技术,而这些行为都有助于经济增长,就业机会就会增加,失业的人能够进入富人的新公司开始工作。这些人赚到工资就要缴纳所得税,于是国家的税收也会增加。

国家得到的税收,将大于减税的损失,"一减一将大于零"。

这一定是魔法,好到不敢相信。连老布什总统(George Bush Senior)都把这一理论称为"巫毒经济学"(Voodoo economics)。

确实如此。

1974年,经济学家阿瑟·拉弗②(Arthur Laffer)、《华尔街日报》记者裘德·万尼斯基(Jude Wanniski)以及迪克·切

---

① 乔治·吉尔德(1939—),美国著名未来学家、经济学家。
② 阿瑟·拉弗(1941—),美国经济学家,里根总统经济政策顾问委员会成员。

尼①(Dick Cheney)先生在华盛顿特区的一家旅馆见面。据说,这位后来的美国副总统切尼起初难以理解两人谈的理论。后来拉弗抽了一张餐巾纸,画了一条曲线。这条曲线的前提很简单:如果政府决定税率为零,那么税收即为零。但如果政府决定税率为百分之百,税收也同样是零。假如全部收入都缴了税,努力工作就没了任何意义。最后没人去工作赚钱,政府也就收不到任何税收。

在这两点之间,拉弗画了一条曲线。这条线所描绘的看上去不符合逻辑:大幅减税可以增加政府的税收,而非减少。听着听着,切尼的眼睛忽然一亮:政府大幅减税却不导致财政赤字可能吗?

万尼斯基后来写了一本书,书名叫《世界发展之路》(*The Way The World Works*),这本书与吉尔德的《财富与贫困》一起,把拉弗的理念散播给了西方世界的精英群体。

这条简单的"拉弗曲线"的应用,似乎没有任何边界条件的限制,它的内涵极为简单,但似乎我们的存在完全以此为核心。万尼斯基写道,连摇篮里的宝宝都能理解拉弗的基本理论。

连不会走路的婴儿都知道"一件政治人物与经济学家常常忘记的事,那就是永远都有两个税率,却带来同样的税收"。万尼斯基这样写道:

> 宝宝知道,如果安安静静地躺在摇篮里,妈妈就会在隔壁房间做自己的事。此时,对妈妈课征的"税率"便

---

① 理查德·布鲁斯·切尼(Richard Bruce Cheney,1941—),昵称迪克·切尼(Dick Cheney),曾经担任美国副总统。

是"零",宝宝的关爱"获得"也是零;反之,如果宝宝不停哭闹、不断引人注意,很快就会惹烦妈妈,这时妈妈将不再过来安抚他。换言之,此时课征的税率是百分之百,关爱"获得"也为零。

万尼斯基从育儿经验以及对婴儿内心理性世界的设想中,得出了惊人的结论:如果减税两千亿美元,政府的赤字不会爆表。但事实上还是会爆:先是出现了一千亿美元的赤字,然后是两千亿美元。

里根时期的白宫预算办公室(Office of Management and Budget)主任大卫·斯托克曼(David stockman)写道:"到了1982年,我就发现里根的经济政策是行不通的。"换言之,拉弗的理论无法否定一个基础:一减一还是零。不管里根想把富人的税负调到多低都一样。

那几年间,整体经济并无明显改善,但是发生了全球历史上一次最大规模的财富再分配,财富从众人手上转移到了少数人那里。

1978~1999年,美国最富有的千分之一的人,他们的年收入在国民收入中的占比提高了3倍。大约同一时期,英国的类似占比是提高了2倍,从1982年的6.5%提高到2005年的13%。至于俄罗斯,历经了新自由主义的休克疗法之后,一群超级富豪阶层快速与社会中其他人拉开了距离,如今,莫斯科的亿万富翁数量是全世界最高的。

1970年,美国企业高管工资是员工平均工资的30倍,到了千禧之交,这一数据暴增为500倍。知名金融家摩根(J. P

Morgan)认为,美国企业主管平均工资与员工平均工资比例不能超过20倍,而到了2007年,这一比例却已经增为364倍。美国的标准也带动了整体西方世界高管阶层的薪资,2000~2012年,英国高阶主管的薪资上涨了3倍。富时100指数[①](FTSE 100)企业的高管薪酬与员工平均薪资的比例,从1998年的45倍增为2010年的120倍。

目前全球身价达10亿美元的约有一千多人,他们拥有的总财富高于最贫穷的25亿人口的财富总和。在美国,以1979年到2007年总收入提高部分而言,落入最富有的1%富豪口袋的,比后面90%的人分到的总和还多。

这么少的人拿走了这么多的财富,在人类历史上都非常少有。如此大贫富差距的形成,与全球化有很大关系。

《哈利·波特》的作者罗琳[②](J. K. Rowling)赚到的钱比大文豪狄更斯(Charles Dickens)当年的收入多了几千倍,这是全球性的书籍市场带来的结果。但是这一原因无法解释为何所有产业都出现了收入的巨大差距。

来自联合国的数据显示,尽管许多区域的经济突飞猛进,但2005年的全球贫富差距程度比10年前更严重,富裕国家比最贫穷国家拥有百倍以上的财富,大约100年前,这一贫富差距比例大约只有9∶1。

超级富豪越来越拥有权势,不过在这群超级富豪里,女

[①] 富时100指数(FTSE 100 Index),是伦敦金融时报100指数的简称,由伦敦金融时报与伦敦证交所联合成立的FTSE国际公司编制和维护。
[②] 罗琳(1965—),英国知名奇幻小说家,《哈利·波特》系列畅销书作者。

第十一章

性仍少之又少。今天确实有越来越多的女性在企业界占据要位,但财富排名前 500 名(Fortune 500)的企业中只有 15 位女性负责人。《星期日泰晤士报》富豪榜前 1000 名富豪中,2007 年的女性占比为 7%,到了 2011 年,比例增长为 11%。德国的类似榜单中,女性约占 1/6。全球女性超级富豪的财产多半是继承所得,而非自己挣来的。在全球的亿万富婆中,仅有 14 位是靠自己赚得的财富,包括这些人在内,女性仍只占全球亿万富豪的 9%。

20 世纪 80 年代,出现了一种名为"纸上创业"(Paper entrepreneurship)的现象。随着金融管制的松绑,很多西方国家的聪明人开始全心全意想方设法从事纸上交易,完全抛弃了我们最迫切需要的实体创新。

原因很简单,钱就在这些纸片之中。

2008 年,41% 的哈佛商学院毕业生进入对冲基金、投资银行与风险投资公司工作,这个比例创下了新高。同年秋天,投资银行雷曼兄弟倒台,金融危机成为现实。短短 18 个月内蒸发了 500 亿美元的财富,5300 万人被推入贫穷的深渊。

金融市场里存在着疯狂的、不受控的投机,一旦崩盘就足以拖垮全球经济,不过也有人富可敌国,对风险具有免疫力。当社会财富都聚积在上层人群时,他们会把财富投资在最吸引人的资产上,因此可以轻易带动某些股票或资产的价格飙涨。尽管这类投机泡沫迟早会破灭,但最初进场的精英阶级大多全身而退,引发的问题却由大众承受。可见,极端的贫富不均与金融危机经常是一件事物的两面。金融业每多引发一场危机,有人就赚进更多的金钱。

第十一章

在 20 世纪 30 年代的经济危机之前,美国的财富分散度和 2008 年金融危机之前的情况大致相当——前 1% 的人拥有全美 24% 的财富,这是 1928 年时的数据,2008 年时也大致相同。而随着更多财富不断向社会上层汇聚,这个阶层的政治权力也跟着壮大。

有钱有权的人当然会影响全球经济体的运行规则,他们的能力远远超过其他人,甚至改变那些原本旨在限制他们影响力的游戏规则。

"上帝和每一个人同在……长期来说,他终究会选择那些拥有最多财富和最强大军队的人。"法国剧作家让·阿诺伊①(Jean Anouilh)如此写道。

其实那些拥有更多财富和权力的人必须清楚,对于制订这个世界的游戏规则,他们也承担着更大的责任。

我们没有其他选择。

---

① 让·阿诺伊(1910—1987),法国剧作家。

第十二章

每一个人都成了企业家

第十二章

全世界最高的建筑物在迪拜。迪拜是阿拉伯联合酋长国的7个自治酋长国之一。这个国家创下破纪录的成长速度,这个国家没有民主,没有政党,没有所得税,也没有工会。这是个地处沙漠的新自由主义主题公园。

这里被称为"弗里德曼的海滩俱乐部"(Friedman's Beach Club),以向这位知名的右派经济学家致敬。多年来,迪拜创下全世界最高的经济增长率,成为自由乌托邦的样板。这里大多数的管制被取消了,整个经济体因此获得了增长动能。曾经有一段时间,大约全球15%的工程起重机都聚集在这个小小的阿拉伯酋长国。该国最受欢迎的非官方沙滩假日是一年一度的采购节,无论是英国足球明星贝克汉姆一家人还是阿富汗的毒枭,来自全球各地的各方人士纷纷被吸引而来。

尽管经济非常发达,不过这个城市的周围都是外来工人居住的帐篷,一个房间居住6~12人,通常既无厨房也无卫生间。居住在这里的工人们建造了这个城市,但城市的居民对他们却视而不见。他们就像是隐形人,无人关注。一切只是为了吸引海外投资人。

这里的政治,纯粹是为市场提供必需品而已:廉价劳工、玩乐场所、娱乐等等。迪拜王储被人称为"迪拜公司的总经理",他像管理企业一样管理着酋长国,为私人产业提供服务。

新自由主义的乌托邦,最极致大约也就如此吧。

这是一个在遥远沙漠里建造而成的奢华世界,它自己从不在乎其自身的贫富不均与环境浩劫。

美国女性主义者温迪·布朗①(Wendy Brown)认为,新自由主义并非真的认为市场"自然而然"就会存在,新自由主义者只是努力打造他们认为存在的现实。

新自由主义一方面假设人最重要的特征就是竞争,另一方面又不断强调通过放松管制和减税等手段鼓励竞争。

新自由主义一方面假设每个人都想变得更富有,另一方面把降低税负作为变富的路径。

新自由主义理论认为竞争是所有社会关系的基础,同时各种竞争关系必须通过各种政策予以推动和创造。竞争不是自然而然的,必须有人刻意去营造和维持。新自由主义者不希望消除政治,但他们要的是另一种政治,这与迪拜王储的认知完全相同。

经济人需要有人在背后推一把才能继续前进,因此新自由主义发展出新的制度、诱因与方法,支持那些完全竞争导向的理性个体,其目的就是要全方位激励市场导向。

或许有人会想,人并非在每一个领域都聚焦于获利和竞争。然而新自由主义者不这样认为,他们的任务就是要在每

---

① 温迪·布朗(1955—),美国政治理论家。

个领域都引入市场和竞争,并加以制度化。通过私有化的方式,把那些农贸市场里的原则运用到各个领域,从教育到生态政治、从护理到养老,从而创造出仅存一种逻辑的世界。人们需要运用政治手段,在过去没有市场的地方创造市场,然后再尽可能地使用政治手段加以维持。

按照温迪·布朗的观点,新自由主义和自由放任(laissez-faire)并不完全相同,自由放任经济学派认为,只要我们放任一切,经济自然就能蓬勃发展。自由放任学派认为自由放任是亚当·斯密的"看不见的手"理念的最极致体现,尽管亚当·斯密本人并未拥护自由放任的政治理念,甚至可以说他几乎不支持这一理念,但还是有人这样诠释他的理念。我们不应把这些人和新自由主义者混为一谈。

新自由主义不想抛开政治,而是希望政治服务于市场。

新自由主义者不认为应该放任经济,反而主张传播有助于竞争与理性行为的社会准则,以引导、支持和保护经济。

新自由主义经济理论的基础不是让政治之手远离市场,而是政治应该致力于满足市场的需求。

新自由主义并不是不想执行货币政策、财政政策、养老政策或打击犯罪的政策,应该这样表述:在新自由主义里,货币政策、财政政策、养老政策或打击犯罪的政策,都必须用来满足市场需求。

法国哲学家米歇尔·福柯[①](Michel Foucault)认为,古典自由主义与新自由主义的差异点,在于对经济活动的看

---

① 米歇尔·福柯(1926—1984),法国哲学家、社会思想家。

法。古典自由主义聚焦在交易,亚当·斯密写的都是人们买卖商品。这一学派的观点是,你付出以换取回报。你付出了什么?又得到什么?交易公平吗?处理方式正确吗?这套体系是构成整个社会的基石。

社会的存在,被视为各种交换和交易的契约集合以及这些契约所造成的结果。自由主义遵从的是交换的逻辑,并通过这个视角来看待世界。政治,被视为一系列的契约:公民拿出某些自由,换得政府给予安全的保证。你付出了什么?又得到什么?交易公平吗?处理方式正确吗?

这套逻辑也适用于诠释其他任何关系。

然而,新自由主义的重点不在交换,而是聚焦在竞争上;竞争是他们解读全世界的基本逻辑。

人若不竞争,便毫无用处。福柯认为这不仅是对于政府角色设定和各种政策的看法,更是新自由主义的理论基础。古典自由主义与亚当·斯密认为交换是自然之事,新自由主义则认为竞争是需要靠人为建构的关系。

竞争是社会最根本的部分,但同时又是一种人为的关系。竞争需要受保护,既要防止垄断,又要防止政治的过度介入。新自由主义已经假设政府干预是常态的,但并非干预市场本身,而是要干预市场中的人,因为人的存在是市场存在的基本条件。

撒切尔夫人便说过:"经济学是方法,目标是改变人心与灵魂。"

在古典自由主义中,人有时候是公民,有时候是经济主体;但新自由主义不这么做。新自由主义里只有一种关系,

第十二章

也就是经济关系。换言之,新自由主义不区分公民、劳工还是消费者,他们都是同一个人——经济人。

新自由主义不仅是一套政治方案,也重新定义了人的意义。

马克思认为,通过工人的知识、技能与机械化,才慢慢发展出资本。每天早上,工人去不属于他的工厂工作,制造他无权决定的产品卖给别人,替工厂主赚钱。

工人奉献他的劳动替别人生产,生产出让别人购买的商品。在这个过程中,他(工人一般是男人)一点一点把自己变成了一台大机器的小零件,成为系统的一部分,不再属于他自己。他变成可以取代的东西,"人"的成分也愈来愈少。

他唯一能失去的,便是身上的枷锁。

马克思的故事里有三个角色:工人是劳动力,他使用的机器是固定资本,他工作赚得的钱则是流动资本。劳动力与资本间的冲突是主要矛盾,这一矛盾决定了一切事物的运作,同时创造了资本主义的历史。这些都是经济体里的典型角色,不论你想将其套入马克思主义理论或其他理论,一概适用。

20世纪50年代末期,美国经济学家自以为有了新发现,实际上只是早已被提出过但又被遗忘的观点。

在《国富论》中,亚当·斯密提到"人力资本"(human capital)的概念。亚当·斯密认为,人所受的教育及拥有的技术、才华和能力,都可视为一种资本形式。如果你是工厂主,那么你对工人的能力和知识提升所做的投资都会得到和投资新机器相同的效果。

你花钱让员工去上课学习新技术，这就是你做的投资。上课要花钱，此外，还要付出因上课停止生产的代价，但最后你还是会赚回来，工人们通过学习后，产能提高了两倍，工厂主通过投资获取巨大回报。换言之，人的能力可以视为一种资本形式。你可以或多或少投资到他们身上，而他们也会因此成长。

芝加哥学派的经济学家们在亚当·斯密的言论里找到"人力资本"一词，并将其纳入他们自己的理论里。至于这个词如何改变现代就业市场的经济状况，以及结果究竟是好是坏，又是另一个故事了。福柯则认为，在"人力资本"一词广为使用后，新自由主义者对这一概念的解读，影响了之后的经济观点。

这个"影响"极为重大，甚至超越了经济学的范畴。

"现在看来或许很奇怪，但当初我决定把我的书命名为《人力资本》（$Human\ Capital$）时曾非常犹豫。"芝加哥学派的经济学家加里·贝克尔1992年获颁诺贝尔经济学奖，他在颁奖典礼上致辞时如是说。如今这本书已成经典。他感慨道："早先很多人批评这一词语及其延伸研究，因为他们认为这把人当成了奴隶或机器。老天，世界变化得太快！"

确实如此。有了"人力资本"的概念，每个人都可以成为销售自身的企业家。如今我们或多或少都视为理所当然。

如果你接受教育，你投资自我，那么你可以预期未来获得的报酬会随之提高。如果你选择移民，这也是一种投资自我人力资本的方式。这确实是对未来报酬的理性计算。如果你辍学，则代表你没有投资自身，那么未来的报酬就低了。根据这一逻辑,你的薪资也不再叫薪资,而是资本报酬。你的人生就是你自己的小生意,当然此时资本也就是你自己。

福柯认为,有了"人力资本"这个概念之后,经济人就不再是一个在市场里买卖的人,他变成了创业的个体。而这一观点也重新定义了"个体",按照批评者的观点,"人"因此变成了机器。

新自由主义历史里没有工人,只有投资自身人力资本的人。每一个人都是企业家,人生就是商业计划,每一个人都得为最后结果独自承担全部责任。如果你成功了,代表你投资对了;如果你失败了,代表你投资错了。

这么一来,经济学也不再是诸多逻辑中的一种,而变成了一种生活方式。一个人不论是到处闲逛还是拼命工作、决定接受教育或者放弃接受教育,这一切都会累积在他的人力资本当中。

经济人不再是亚当·斯密所设想的人——他不再和其他人进行交易了。经济人是一种会自我投资的装置,不管你是去抢银行、从医学院退学还是美白牙齿,就像其他的商业决策一样,一切都是出于自由选择,精算过这一行为的未来损益,这些都或多或少影响你自我投资的最终结果。于是,经济体系变成人性的同义词,你不能质疑经济体系,就像你不能质疑自己最基本的本质一样。

马克思想解决的冲突实现了,但不是用他的办法。最后改变的不是生产方式,改变的是"人"的定义。

第十二章

新自由主义化解劳动力和资本之间的冲突，就是把人变成资本，人生也变成了人对自身价值做出的一系列投资。基督教的神学家们说，用一张饼和一条鱼就可以喂饱一大群人，我们则认为你可以喂饱你自己，我们对你有信心。这个世界或许冷酷，但会为了你呼吸，而你没有其他选项。最后全世界都臣服于这一逻辑。

这个观点让所有人都平等了，不论你是在就业服务中心等待的女性，还是在达喀尔机场外拿着伪造文件等待入境的男人，每一个人均是个体企业家。这些男男女女，和在商务舱座椅上伸腿小寐、飞到世界另一头去开会的高管们并无其他差异，只有自我人力资本投资决策的高下之分。

除此之外，还有什么理论可以用来解释经济成长呢？肥皂剧里的明星们声称丰胸也是一种投资。把所有东西一层层剥开之后，全都是经济学。你的人生就是你为自身价值所做的系列投资。

如果你真的接受这样的观点，你做一个"人"的意义，也将会根本改变。

第十三章

子宫并非太空舱

第十三章

1965年,瑞典摄影家伦纳特·尼尔森[①](Lennart Nilsson)发表了一系列突破性的摄影作品,使用内窥镜摄影的方式揭示胎儿在人体内的发育过程。摄影作品首先发表在美国的《生活杂志》(*Life Magazine*)上,后来汇总后出版了《一个孩子的诞生》(*A Child is Born*)一书。

尼尔森自1953年起用电子显微镜做实验,花费近12年的时间出版了这本书。1965年4月30日出版的《生活杂志》震惊世界,仅用了4天时间就售出了800万本。

有着大大的头和鱼鳍一般的手臂,胎儿在充满羊水的球状物里蜷曲着自由漂浮,这是我们后来司空见惯的胚胎形象。胎儿像一个独自在太空里漂浮的航天员,仅靠一条脐带与周围的世界相连。妈妈似乎不存在,完全是虚无的,而胎儿就像是个独立自主的小太空英雄,自由地往前飞,对胎儿而言,子宫只是一个空间而已。

摄影师拍摄的子宫,是每个人被孕育的开始。尽管摄影镜头是客观的,但尼尔森的照片仍然仅是一种静态的记录,而非子宫世界的精准呈现。这些经过放大和剪辑的照片中

---

① 伦纳特·尼尔森(1922—2017),瑞典籍著名摄影师,科学家。

看到的并非现实,母亲肚子里的胎儿并不是自由漂浮的、孤零零的存在,这种说法和事实差之千里。胎儿来自母体,在母亲体内成长,始终与母亲有着联系,胎儿在母体里收缩、抽动、跳动,你根本无法分辨哪里是母体、哪里是胎儿。

在尼尔森的摄影作品里,看不到母亲与宝宝的相偎相依。胎儿似乎是独立的,而母亲仿佛不存在。这些照片并未呈现出母亲与孩子之间的任何关系,仿佛暗示着人一出生就是完整、自给自足的个体。

尼尔森所描述的人生图像,进入了所有人的大脑,并留在了每个人的脑海之中,是否因为这些图像就是人们潜意识里的想象?

我们一向认为,社会的基础在于理性契约和自由市场经济。不管是生产者还是消费者、雇主还是员工,全部都是一样的,都是相同意识的不同形式。尽管表现方式不同,但具有相同的理性。而这个世界正是每一个人做出自由选择后的客观总和。

确实,社会很像是一场战争,充满着剥削、种族歧视和父权主义。而经济发展的客观现实,也遵循着"适者生存"的丛林法则,富者愈富,其他的人只能苦苦追赶。所有这些,我们内心都很清楚,但仍抱有幻想。

从柏拉图以来的 2000 多年里,各种故事不断地教育我们,告诉我们因为人民一致理性地选择团结,社会最后繁荣兴盛,打造出这样的社会架构之后,我们也会开始彼此信任相互依赖,每一个人都能从中获益。

这种打造社会的神话有无数个版本,而且就如其他神话一样,这也是一种心理战。这类神话传达了一种难以想象的社会发展历程:某一天,大家都缩坐在洞穴里,洞穴里既黑暗又寒冷,还有一些不知名的其他生物,更不知道是敌是友。忽然之间,有一个人站起来大声疾呼:

各位,听好了! 我们何不团结起来,把彼此当成社会的一分子互相帮助、彼此交易,每一个人都能从中获益!

这真的很难想象。

这是我们幻想中的自给自足,极具吸引力。

尼尔森的摄影作品,也有很多相同主题的不同版本。在《生活杂志》的封面上,有一个小人独自漂浮着,周围的环境看起来像是一个透明的太空舱。胎儿在子宫里,看上去似乎又独立于子宫,图片里的胎儿是自由的个体,孕育胎儿的女性身体我们没有看到。如此看来,妈妈像是胎儿租下的一个房间,进来一个精子,出去时变成了宝宝。宝宝在妈妈的身体里,似乎从一开始就是独立的,是这个太空舱的主人,而怀孕的妈妈们,只是一个在窗旁摇椅上坐了十个月的、消极被动的储物罐而已。

尼尔森照片中的胎儿,吸吮着大拇指,紧闭的双眼仿佛凝视着一片空无。胎儿四周是一片黑暗,胎盘则是可以长途漂浮的太空站。这套神话诉说着如何创造出自由的个体,而且很符合当时社会的需要。有些照片发表于1964年,当时,约翰逊(Lyndon B. Johnson)总统正在谋求连任,肯尼迪总统已经离世一年;美国正在扩大其在越南的军事布局;在尼尔森的家乡瑞典,宜家家居(IKEA)的第二家商场正式开张;同一年,滚石合唱团(Rolling Stones)第一次在瑞典演出,地点就在斯德哥尔摩的王室网球场(Kungliga Tennishallen)。

尼尔森拍摄的很多照片中的对象其实是死胎,这让他有机会更好地处理光线、背景和构图。尽管这些摄影作品相当出色,但照片中那些经过编辑后用来描述生命的主角,其实都已经早已了无生气。

三十多年来,尽管我们越来越明白标准经济学中的"经济人"假设并不正确,经济人并不存在——至少在现实中不存在,但我们仍紧抓住他不放,不论经济人遭受多少批评,这似乎仍是经济学的同义词,我们还容许他愈来愈多地进入我们的生活。

研究结果证明假设存在问题,似乎并不重要;我们建立的经济模型经常导致全球经济崩盘,这似乎也不重要;不仅一次又一次地被证明不仅无法预测风险,还不断地给我们制造恐慌,这似乎也不重要。我们就是不愿放弃这个假设。我们拼凑起想象中的世界,组合起来变成模型,然后用来精准刻画真实世界。

对经济人所做的假设不断被证明并不成立,丹尼尔·卡内曼(Daniel Kahneman)和阿莫斯·特沃斯基(Amos Tversky)三十多年前已经指出人的很多决策并不客观理性,但这些并未阻止我们依旧把"经济人"假设放在经济学的中心,并在生活中越来越多地套用他的逻辑。2004年,风行全球的《魔鬼经济学》一书宣称,生活的每个领域都适用市场法则。这个观点一定会让20世纪70年代末期的法国左派哲学家福柯大跌眼镜,他永远也想不到新自由主义者居然可以走到这种地步。但确实如此,这本书还成了畅销书。

总有经济学家不停地对经济人概念口诛笔伐,对其提出缜密的批评。即便如此,他仍是经济的同义词。每当我们在日常生活中提及"经济概念",他都是主角。所有对其不断出现的各种批评,最多只能作为补充和注解罢了。经济人使所有一切的中心,每一个人都必须与他有关。

行为经济学近年来影响越来越大,他们通过研究,证明了人并不只关注自己的利益,随着时间的推移,人的偏好会改变,公平也变得更重要。

行为经济学发现人并不具备实时正确处理信息的能力,所做出的决策也不完全依据自身偏好。这个发现很重要,是在经济人假设基础上的重要进步。行为经济学依旧把经济人假设作为起点,通过实验和研究,这个学派试着对原有的假设进行补充,但仍然承认这个孤独的"经济人"个体,仍然将其作为前提。行为经济学主张个体需要外部协助,因为个人都不是完美的经济主体,更难以完全理性,因此需要支持,需要有人把我们推向正道。政府的作用在于创造更有效的诱因,促使我们的行为更契合偏好。

政府经常基于这一依据制定相关政策,帮助人民更容易做出理性决策,比方说为了环境保护,采用劝说民众减少用电的方式,而不要采取提高碳排放税,或是由政府投资绿色科技产业的手段。同样的,要对抗肥胖问题,政府采用向民众提供各种食物糖含量信息的方式,而不是具体介入食品制造环节。

当然,行为经济学成为政治人物避开棘手决策的捷径,并不是经济学家的错。他们理论的方向没错,但有一件事并未改变:经济学仍是一门如何选择的学问,而非社会如何生存、完善以及如何演变的学问。在行为经济学里,既没有社会的系统观察,也看不到人的发展过程,更没有揭示人与人之间的关系。行为经济学研究的仍是个体,不把依赖他人作为人类本性,权力关系也与经济无关。

换言之,经济人只是稍微挪动了一下脚步而已。

"大家都是人。"每当我们要表达人类的共性时,常常这么说。某些超越了阶级、性别、种族、年龄、背景与经验的因素,让我们成为一体;仿佛"人"是在阶级、性别、种族、年龄、背景与经验之外创造出来的,而不是通过阶级、性别、种族、年龄、背景与经验所塑造出来的。我们把环境、身体与关系脉络当成了我们的一层层外衣,似乎这些因素会遮蔽我们的目光。我们认定,如果想讨论任何东西,就必须先把它从环境和背景中抽象出来。

但是,所谓人,必须要通过阶级、性别、种族、年龄、背景与经验去了解和研究,除此之外别无他法。

但我们却认定这必须予以否定,而去寻找存在于每一个人的、一模一样的理性意识。

"女人也是人。"当我们这样说时,就意味着成为"人",就等同于成为了构成经济基本要素的个体。经济学是"关于个体的科学",而这个"个体"却"隐而不见"。个体是整体能细分成的最小单位,就像牛顿物理学里的原子一样。了解了个体,就能了解一切,但这个"个体"和人并非同一回事。

这个世界上,有一半人的最大特点就是她们可被分割。

不是所有女人都能生育,也不是所有女人都想生育,但女人的身体与男人最大的差异,便是女人可以怀孕、可以分娩。透过分娩,一个人一分为二,所有人都是这样从脱离妈妈的身体开始成长的,这说明我们始于他人、依赖他人,通过他人存活。

由上所述,人的最初状态并非完全独立,之后才和他人建立关系。但是,当我们在讨论社会的重要性时,几乎都以一个独立自主的个体为出发点,然后分析与他人建立关系的重要性。

——建立关系后,比较容易获得食物。

——建立关系后,比较容易防御野兽、保护自己。

——建立关系后,比较容易快乐。

——建立关系后,生病时能获得帮助。

——建立关系后,寿命更加长久。

听起来建立关系的好处太多了!

这样的比较,似乎人类除了群居之外还可以有其他选择。

其实没有。我们因为他人的需求和期待而出生。一个小孩,几乎所有事都需要依赖他人,他什么也不知道,依附于别人的希望、需求和爱,以及未实现的人生。照顾小孩是父母的责任,但孩子也必须从这样的亲密照顾中一步步学会独立。女性主义理论家弗吉尼亚·赫尔德[①](Virginia Held)曾经指出:人的自然状态,就是被层层包裹在对其他人的依赖当中。而最大的挑战是要突破这些包裹,找到真正的自己,为自己开辟更多的空间。由他人构成的背景脉络、关系以及他们带给你的世界,是每一个人的人生起点,你要从这里开始去找寻你是谁。

---

① 弗吉尼亚·赫尔德(1929—),女性主义思想家。

第十三章

　　那些照顾孩子的妈妈们，自己要有一个独立的身份认同，不可因照顾孩子或家庭而失去自我，也不要认为自己人生的全部价值就是被他人所需要。在努力做好工作的同时，让彼此的依赖关系更为健康，这是非常重要的挑战，决定了很多人的人生与社会角色。而很多人的心理问题与精神创伤，其根源也大多来自于此。

　　经济人不符合现实这件事我们早就知道了，但耐人寻味的是，为什么我们要千方百计地希望他能契合现实？

　　显然是因为我们都希望像他一样。我们想要他的自给自足、他的理性，还想要他所居住的那个可预测的世界。最重要的是，我们看来已经做好准备，愿意为此付出高昂代价。

　　就像尼尔森的照片，我们想象自己孤独地漂浮在太空中，只有一条脐带连接我们和周围的世界。

　　我们到底想从想象中获得什么？

第十四章

探究经济人难以预料的深渊与恐惧

第十四章

16世纪到17世纪,西方对于人与自然关系的看法发生了变化。原本的世界观里,人的形象更多表现为女性,生活在无规律的宇宙之中,后来转变成一种客观观察者和自然征服者的男性形象;而对自然界的看法,从原本活力的、运动的和有机体的(这种有机通常是让人害怕的),变为被动的、死气沉沉的和机械的。

男性脱离了整体,成为要征服世界的独立个体;女性则被建构成另一种形象,她应该承担起所有男性所抛下的责任,还要为男性提供支持。

女性承担起的是对男性的生活和家庭的照护。

他是理智,她是情绪;他是心灵,她是身体;他独立,她附属;他主动,她被动;他自私,她无私;他冷酷,她温柔;他算计,她随意;他理性,她感性;他孤立,她连接一切;他很科学,她很魔幻。

男人告诉我们,有很多东西值得为其而死;女人告诉我们,有很多东西值得为其而活。

以上都是人的角色,每个角色都像个自舞者。假若人生就只是一场舞会,那就太好了,可惜不是。

男性与女性实际上做什么,其实没那么重要,影响我们行为的不是现实,而是别人对我们的假设。女性总是会把性别因素纳入其行为的考量,男性也一样。但方式不太相同。

当我们谈及破除性别差异时,很少有人认为要让小男孩穿粉色衣物,或者让男性主管穿得花花绿绿,这似乎听起来很荒谬。相反的是,我们却希望位居企业要职的女性打扮得稳重朴素,如果她穿着花边上衣和花裙子上班,就可能招来非议。她必须打扮得很中性,换句话说,要打扮成男性的样子,这意味着她必须去适应早已存在的、依据男性特质而建成的架构。当然,她也不能太像男人,她依旧是女人,是一个去做传统上属于男性的事的女人。

这确实是一个很难把握的平衡。

但是,对男性的要求则截然不同。比如传统烹饪领域大多为女性,但不会有人因此要求英国名厨杰米·奥利弗[①](Jamie Oliver)适应女性角色。这位电视名厨善于利用他玩世不恭的风格,瞬间吸引别人的注意力。奥利弗不用刀子切罗勒,他把罗勒包进餐巾纸里,放在桌子上捶打,他折磨、征服、强迫罗勒就范,最后再将其丢进锅里。

同样的道理,那些颠覆传统性别差异的幼儿园,第一反应就是禁止小女孩穿粉色芭蕾舞衣,他们说:这样不行,我们的体育课不容许这些刻板印象的装束。就连发达的北欧国家也是这样,这些国家认为孩子应该自由地成长,因此也认

---

① 杰米·特雷弗·奥利弗(Jamie Trevor Oliver,1975—),英国厨师,其杰米·奥利弗或原味主厨(The Naked Chef)的称呼更广为人知,著有 *The Naked Chef*、*The Return of the Naked Chef* 等书籍。

为小女孩不应该穿着粉色花边芭蕾舞衣来上体育课,他们担心这样的打扮会让女孩们陷入可能让人感到不舒服的性别刻板印象。

但是,同样的幼儿园里,同样善意的老师,却从不在乎小男孩们怎么穿着。粉色芭蕾舞衣是性别刻板印象,男孩们穿着传统上属于男性的运动套装时,却从不被认为有何问题。

人们一向如此看待男性。

莎士比亚戏剧中的哈姆雷特王子展示了一个普世的问题:"To be or not to be?"要不要像男性一样?我们都学着像男性,就连女人也一样。哈姆雷特表达的是一种人类共同的经验。男人成了标准,我们所谓的人类,也成了男性特质的代名词。

分娩,不被当作人类共通的经验,而只是女性的经验。女性的经验永远都不会是普世经验,这就是我们被灌输的世界观。没有人会为了解人的存在而去阅读如何生小孩的书,我们只读莎士比亚或者其他伟大哲学家的作品。在这些书中,人来到这个世界的方式从不被关注,就像雨后春笋一般从地里冒出来的,然后马上彼此间签署社会契约。

女性才有性别,男性则是人。世界上只存在一种性别,另一种人则只是一个变量、一种映射或是一种补充而已。

在经济学的世界里,每一个人都被假设成理性、追逐利润、自私的个体。这些特质一向被视为传统上属于男性的特质,因此,我们也把这些特质视为中性。这些特质是不分性别的——因为男人没有性别:经济人是唯一的性别。同时,理论也假设了某些人代表照护、体贴与附属,当然这些都是隐形的。如果你想成为经济学故事中的一分子,就要做经济人。其实我们所说的经济学,永远基于另一套故事,但经济学不承认"另一套故事",因此经济人才成为了所谓的"经济人",甚至还可以夸口说经济学世界是唯一的世界。

"女人和男人一样有价值"。

"女人辅助男人。"

"女人和男人一样好。"

以上每一种说法,都是用男性特质来表述女性。女性要么"像男性一样",要么"和男性完全相反",总之要与男性有关。

女性的价值,要么因为她像男性,要么她可以辅助男性。重点永远是男性。有一种观点是,女性当然可以从事一般工作、可以从事研究工作、可以操纵重型机械、可以发动战争、可以打嗝,和男性一样理性,拥有男性所拥有的一切权利与优势。但只要她开始"跟他不一样"了,她就不能要求平等了。

"如果怀孕的男性与怀孕的女性受到同等待遇,那就不叫歧视。"1974年美国最高法院"盖多迪克起诉艾洛"(Geduldig v. Aiello)一案就是这么判决的。

这个案子的重点是某个保险产品是否可以单独把孕妇排除在外,法院判定这是可以的。当然这份判决并没有针对女性,而是针对"怀孕的那个人",不过众所周知,被排除的就是女性,不过看起来似乎与歧视无关。

女人只有把自己的身体特征忘掉,才有可能获得政治或经济上的待遇,女人是因为"像男人一样"才有了价值,这隐含了一个概念:女性解放只是一种有条件的解放。

另一种观点则是,女性因为"帮助了男人"而有了价值,这种观点给女性带来的困扰就更大了。

在这一思维下,女性不需要像男性了,而是成为某种类型的伴侣,她要营造另一个世界,以平衡男性所处的冰冷市场。这个世界是男人所没有的(或者说他们不想自身具备的)、但又渴望体验的人类经验。于是社会安排女性必须拥有男性不容许自己具备一切特质:温柔的、脆弱的、情绪化的、自然的——她是月亮神秘的另一边。

在这套逻辑中,要求女性的不再是"男性是什么",而是"男性不是什么"。

看来,无论哪一种情况,用来定义女性的标准,都是男人。

女性要不就证明自己像男性一样,要不就证明自己可以帮助和补充男性。重点是她永远不是自己,因为这个世界只有一种性别——男性。

在浪漫喜剧电影《风月俏佳人》(*Pretty Woman*)里,当理察·基尔[①](Richard Gere)饰演的孤僻生意人带着茱丽娅·罗伯茨[②](Julia Roberts)去听歌剧时,比起歌剧《茶花女》(*La Traviata*)本身,他更感兴趣她的反应。他自己无法因威尔第[③](Verdi)的作品而哭泣,但可以看着她哭泣,他需要借助

---

① 理察·基尔(1949—   ),美国著名演员。
② 茱丽娅·罗伯茨(1967—   ),美国著名演员。
③ 居塞比·威尔第(Giuseppe Verdi,1813—1901),意大利伟大作曲家,一生创作了《弄臣》《游吟诗人》《茶花女》《奥赛罗》等26部歌剧。

第十四章

她才能进入自己的感情世界。为了更贴近自己的情绪,他唯一的策略便是扮演观察者,看着她的情感变化。通过这样的方式他自觉充满了生气,他也深深地爱上了她。

因为征服并拥有女人,男人得以感知自己的某些因素:若不这么做,他就必须否定这些因素,比如依赖、情绪、欢愉和投降。但女人不是像物质一样可以拥有或否定的,她们也是人,其实男性也明白这一点。

芬兰女诗人伊迪丝·索德格朗[①](Edith Södergran)写道:"你寻找花朵,却找到了果实。你寻找清泉,却找到了海洋。你寻找女人,却找到了灵魂——为此你失望不已。"

今天,所有称之为男性化的特质,都被用来描述经济行为:保持距离、理性与客观。男人们勇往直前地追求自己想要的,我们把这一点认定为最理想的经济人特质。尽管这么做的不仅只有男性,很多女性同样如此,但我们还是把它们划归了男性。我们所有的行为最终都归结于一种意识,那就是唯一的性别——男性。

许多人批评经济人的单一维度。他没有深度、也无情绪、心理和复杂性,他就是一个简单而自私的算计者,仿佛是漫画里的讽刺人物。许多人质疑为什么要让这个"漫画人物"牵着我们的鼻子,这真荒谬!他和我们有什么关系?

这类针对他的批评,少了一些重要的元素。他确实与我们不像,但他还是具有一些我们可以识别的元素,如情感、恐惧和梦想。

---

① 伊迪丝·索德格朗(1892—1923),芬兰著名诗人。

经济人不是一个简单的漫画人物或是随机出现的幻觉。如果是的话，我们不会对他如此痴迷，高度认同他对于世界的每一个判断和决策，甚至完全不顾已有研究对这一人类行为模型假设的质疑。

我们极力盼望着生活中的一切能贴近我们的幻想，这一行为本身透露了很多人类的行为信息，特别是透露了那些我们所恐惧的、难以自我承受的信息。尽管经济人的行为简单，但他也会有内在的冲突。

我们认为经济人与他人之间完全没有关系。事实上，任何人都不是孤岛，没有人可以完全地自给自足。这只能说明我们并不了解经济人的本质。如果与他人之间毫无关系，就无法建立彼此的认同，尽管我们不喜欢经济人，但这番道理也适用于他。

竞争是经济人的核心特征，而竞争必然要与他人产生关系，但这是一种全新的关系。这种关系更为直接，更为紧密，就像一根链条把彼此连在了一起。

链条就在竞争之中。

如果经济人不竞争，那他就什么都不是，其他人的存在，才有了竞争对象。在经济人的世界里，所有关系都简化为竞争。他既好斗又自恋，他既活在与自己的不断冲突中，也活在与自然和他人的冲突之中。冲突是经济人的唯一激励因素，激发他不断行动（当然是无风险的行动）。他的人生充满挑战、尝试、磨难和渴望。

他是一个不停奔跑的人。

婚姻的总产出减去两个独立个人的产出总和，差额便是婚姻的利得。很多时候,这等于女性的需求曲线(这条需求线弹性极大)与供给曲线两者间的垂直差距。这是"爱情"的经济学分析。我们幻想着独立,却用爱情和婚姻施行着彼此的控制。

假设一个男性爱上一位女性,则意味着女性的开心和幸福会正向影响男性效用函数,同时与女性的情感交流及身体接触,都会让男性感觉美好,那么,显然男性会因这个伙伴关系而获利。两个人一起生活,同时也大大有利于女性的美满人生(他会和她耳鬓厮磨、共度良宵)。相较于两人独立生活,在婚姻关系中创造出同样好处的成本比较低。就算这位女性不爱这位男性,也不影响她能因建立关系而受惠,因为男性已经将该女性纳入他的效用函数,他仍会将资源转移给她,而这无疑将增进女性的"利润"。

就这样,经济学家把爱情变成了两个独立个体之间的理性算计,他们排除了所有和真正爱情有关的因素,然后声称找到了用理性方式来对付非理性问题的解决方案。即便是爱情,同样要臣服于冷静的理性。男人和女人都成了经济人。人永远都能看到全局,永远都能保持距离,永远都能跳出自我,完全掌控,而且绝对安全。

经济人是世界上最迷人的,带我们逃开所有恼人的元素:情绪、依赖、不安与脆弱。他的世界里没有这些元素,在这里,身体变成了人力资本,依赖不存在,世界可预测。没有差异,也没有脆弱,没有让人恐惧的事物。

正因如此,我们才贴着他不放,他帮我们避开了自身的恐惧。

经济人把人的感受转化成偏好,感受变成了与个人无关的渴望。偏好则像菜单里的菜,有时端得出来,有时端不出来,要看你能否付得起代价。但它们只是个定义,并非你与生俱来的东西。

感受并不属于人,在经济人的世界里,感受可以被分类、被定制、被叠加,甚至被安排。愤怒,可以在谈判时助你一臂之力;床上的假高潮是"理性信号理论"(ration signalling model)的组成部分;爱,则是有助于提升你的效用函数:在稳定的家庭关系中,爱可以减少冲突,降低维系家庭关系的成本。在经济人的世界里,你永远无需管理自己的感受。

当感受变成偏好,你的身体也就同时"消失"了,经济人把身体变成人力资本。忽然之间,身体不再是你的一部分,而变成了你的所有物。身体成了资本,个体可以透过不同的方法利用并进行投资。

这些经济理论把我们抽离于自己的身体之外。你可以雇用你的身体,也可以卖了它,就像对待其他财物一样。你可以改变,也可以投资它,最后你还可以让它死亡。你的身体是资本,而你则是拥有者,这就是两者之间的关系。

这意味着即使没有了身体,我们也仍旧是人。当我们意识到身体的存在时,就意识到了自己的无助以及对他人的绝对依赖,这些也是人的组成。人的身体,要从别人身上生出来,当身体是皱巴巴的新生儿身体时,完全要依靠周围成长环境的照料。没有了别人的爱与照料,身体就会死,如果生了病,身体又得仰仗他人的照料。而且身体会老化,还会死亡。

反之,在经济人的世界里,"死亡"是一种商业决策。要不要关门大吉?那要看看我得到的利益是否高于痛苦?别

第十四章

的无须多想。死亡并无意义,活着也没有意义。生命的目的,在于创造一个没有目的的世界。

当我们把身体视为人力资本时,身体效应的重要性也就消失了。不管是举手、走路、指引方向、擦地,还是吃饭,都没有了任何意义,身体仅是经济赖以建立的基础。

如果从一开始,身体就得到重视并当成经济起始点的话,人类社会的发展将大不相同,一定和我们今天的社会完全不一样。与身体有关的一切,饥饿、寒冷、疾病、医疗照护及粮食不足,会成为最重要的经济考虑。而这些问题在今天都被视为经济系统发展过程中不幸衍生出来的副产品。

经济理论拒绝接受人类拥有身体的现实。事实上,不管你是谁、从哪里来、赚多少钱或住在哪里,每个人都从出生时的小小身躯成长而来,每个人的身体面临死亡时都脆弱不堪,每个人的皮肤被割伤时都会流血。人类的共通之处,起始于身体。冷的时候会发抖,奔跑的时候会流汗,出生的时候会哭,我们通过身体和他人接触。而经济人消灭了身体,假装身体不存在。我们则把身体当成资本,从外部的角度来观察它。

没有了身体,没有了情绪,经济人就摆脱了依赖。情绪和依赖是相关的,依赖通常通过身体和情绪表达。经济人不需要情绪和身体,他们只需要表达需求。

经济人是一项工具,能让我们摆脱不安。你什么都能信赖,一切都可预测。你可以把一颗球切成愈来愈小的长方体,然后计算容量。不管是人口的变动还是引发这些变动的原因,一切都遵循着抽象的法则。经济人也是让我们摆脱软弱的工具,我们因此成为宇宙的主宰,在经济学的故事里,世界存在的唯一目的,便是对人俯首称臣。市场永远会做你希望它做的事,推开那些应该被推开的人,追逐那些值得追逐的人。

经济人的故事让一个理念不容置疑:人是一个无所不知的、理性的主体,不仅是自己人生的主宰,也是世界的主宰。当人要和经济学发生关系时,就要披上经济人这件外衣,并抛下其他的一切:性别、背景、历史、身体和所有的关系。经济人让我们得以消灭所有差异。我们不仅性别相同,甚至根本就是同一个人。

于是,把人量化并预测人的行为,变得易如反掌。

经济人并非漫画里的讽刺人物,他更非简单人物。他的症状是他努力消除客观存在的很多现实因素:身体、情绪、依赖、不安与脆弱。于是,几千年来女性被告知:这些现实部分属于女性。经济人则告诉我们,这些部分根本不存在。因为他处理不了这些现实。

经济人逃离现实,而我们意识到了他对现实的那种深深的恐惧,这种恐惧我们也同样存在,于是我们受他吸引,选择追随他。

经济学理论于是成为了现实逃避之地。

这里,只有唯一的性别,唯一的选择,唯一的世界。

第十五章

这个时代最伟大的故事里只有一种性别

第十五章

美国女诗人穆里尔·鲁凯泽[①](Muriel Rukeyser)续写了俄狄浦斯[②]王(King Oedipus)的希腊神话,在诗作里预言俄狄浦斯王将意外地杀死他的父亲并娶他的母亲为妻,还将会解开双翼狮身女怪斯芬克斯[③](Sphinx)的神秘谜语。

多年后,预言成了现实,俄狄浦斯解开了谜语,真的杀死了父亲,也娶了他的母亲,又因羞愧戳瞎了自己的双眼,这时他又遇到了斯芬克斯。

"当时你的答案是错的。"她说:"所以才会有现在这样的结果。"

"你这话是什么意思?"又老又盲的俄狄浦斯问:"我答对了,而且是有史以来第一个答对的——这正是整个故事的

[①] 穆里尔·鲁凯泽(1913—1980),美国诗人、政治活动家。
[②] 俄狄浦斯,外国文学史上典型的命运悲剧人物,是希腊神话中忒拜(Thebe)的国王拉伊俄斯(Laius)和王后约卡斯塔(Jocasta)的儿子。他在不知情的情况下,杀死了自己的父亲并娶了自己的母亲。
[③] 斯芬克斯,最初源于古埃及神话,被描述为长有翅膀的怪物,通常为雄性。当时的传说中有三种斯芬克斯——人面狮身的Androsphinx、羊头狮身的Criosphinx(阿曼的圣物)、鹰头狮身的Hieracosphinx。到了希腊神话里,斯芬克斯却变成了一个雌性的邪恶之物,代表着神的惩罚。

重点。"

"不对。"斯芬克斯说:"当我问,什么东西早上用四只脚走路,中午用两只脚,傍晚用三只脚时,你回答是人。你说,人在刚出生时用四只脚爬着走路,成年时用两只脚,老龄时加了拐杖变成三只脚。你根本没有说到女人。"

"你这是狡辩。"俄狄浦斯抗议,"当你说人的时候,就包括了女人,这一点所有人都知道。"

"那只是你的想法。"斯芬克斯说道。

西方文化中充满着二分法:身体还是灵魂?感性还是理性?后天还是先天?主观还是客观?普遍还是特殊?还有更基本的问题:女性还是男性?定义中任何不属于经济人的属性,传统上都归于女人。比如情绪、依赖和脆弱。

我们把几个世纪以来所收集到的"男性特质"集于一个人身上,经济学家说,经济人碰巧刚好具备这些特质。当然如果真的需要的话,女性也可以套用这个模型,或者基本上所有人都可以浓缩为这个抽象、理性的经济学概念,与性别、种族、文化、年龄都没有关系,更与社会阶级无关。

难道还有比这更平等的吗?

但事实上,经济人这个概念是把女性排除在外的最有效率的方法。一直以来,我们把某些活动分配给女性,并告知她这是女性必须要做的;然后我们建立起一套经济理论,宣称女性从事的活动没有任何经济意义;为了让男性社会更好运作,我们又让女性成为某些驱动力量,如关心、同情和体贴等。所有这些都改变不了一个重要的共识:男性所从事的经济活动是社会的唯一重点。

第十五章

经济理论已经跃居为社会至高逻辑,但女性的驱动力量仍然被承认存在,若没有了这个力量,社会就会成为一盘散沙。

我们创造了一套经济语言,让人不可能再去谈全局。

唯一能谈的只有经济人。如果想谈一谈亚当·斯密的母亲,我们得先把她变成经济人;如果想谈谈艺术,我们要先把雕塑、绘画甚至是你欣赏作品时的感受都转化成市场上的商品;如果想谈谈人的关系,这个关系只能是竞争关系。

如果有东西无法纳入模型,那一定是它自己出现了问题。

经济人最基本的特征就是他肯定不是女性,经济学只有一种性别,女性要么选择成为经济人,或者变成经济人的反面。她可以自己选择,因为一切都是自由意志,不过女性要调和与平衡经济人充满理性与自利的冷酷逻辑。

重要的不是经济学理论怎么说女性,而是女性能从这套经济学理论里得到什么。

标准经济学理论认为经济结果和性别无关,当我们使用抽象的数学公式来表达经济结果时,看起来似乎真的和性别无关。然而,每一个人都有自己的性别,就算经济学家认为不重要,但也无法避免因性别不同在社会生产、再生产和消费等领域,构建出了截然不同的关系。

相较于男性,女人较难接受教育和获得技术,较少享受医疗保健,难以获得信贷支持,更难利用金融市场,极难创业成功,就业环境较差,薪资较低,工作更无保障,难以依靠法律保障自己的权利。

这个世界，性别很重要。全球20％的女性生活在国际贫穷线以下，也极少有女性能跻身全球最顶层的超级精英之列，而这些精英们对全球政治经济体系的影响力愈来愈大。

这个世界，性别很重要。女性从事着低薪资、条件恶劣的工作，还承担着大多数的无薪工作。这些工作的价值不仅被低估了，还被排除在我们用来衡量经济表现的统计数字之外。

这个世界，性别很重要。尽管经济学家企图用中性的方式表达最深刻的社会本质，宣称社会伦理、文化和价值观这些因素与经济无关，主张经济学完全独立在这些因素之外。但实际上这些因素对女性施加了诸多限制。

简而言之，男性和女性在经济体中的地位，存在着结构性的差异，这意味着经济对男性和女性带来的影响是完全不同的。忽视这一点的任何经济理论，都无法真正衡量和研究经济体以及经济运行。男权主义的问题之一，就是用不充分的方式来衡量经济体。

认为市场能解决所有问题的，就根本不需要统计。他们用来满足自己的方法，便是把经济理论当成出色的艺术品，相信能用数学来描述一切，甚至是虚构的神话。反之，期望利用经济体来实现社会目标的，就必须理解经济体的运作了。比如，如果想要准确理解市场，全球一半人口花了一半时间去做的那些事，就不能被忽略而必须予以认真对待了。

倘若女性的无薪工作不纳入经济模型，我们就无法理解不同性别间的日常需求、贫穷和不均有何关联。如果你想了解一个国家如何走上发展之路，任何避免自私自利、贪婪与恐惧的因素就都不能被忽略。

经济学理论给出一个看待世界的角度，还宣称可以诊断国家的问题,为公共辩论创造条件,预测国家如何发展,给出解决问题的路径。能做到这一切,是因为经济理论自认为掌握了人性的本质。但如果经济学旨在解决人类的问题,就不能只是盲目关注只有男性单一性别的幻觉世界。

经济学家自认他们的角色是通过为社会提供必要信息,以便妥善管理经济体系。但当今的经济学家们,并不像爱因斯坦或牛顿这样的科学家,而是像罗伯特·纳尔逊①(Robert H. Nelson)在《经济宗教学》(*Economics as Religion*)一书中提出的,经济学家更像是托马斯·阿奎纳②(Thomas Aquinas)和马丁·路德③(Martin Luther)等神学家的弟子。自己也是经济学家的纳尔逊说,经济学家最重要的任务,就是成为现代的神父,传播"经济进步是救赎之路"的信念。

经济学先辈们看待现实的视角有点像救世主。认为现实世界的邪恶、痛苦甚至死亡本身,大多是因为资源稀缺所造成的,因为饥饿而偷窃,因为贫困而痛苦,因为没有足够的生存资源而死亡。

经济学相信,唯一让世界脱离这种状态的方式,就是提供建构在正确的基础上的、可被正确实践和执行的社会价值观。于是,经济学家说,他们的任务就是传播这些价值观,从而为世界提供救赎之道。如今我们知道事情没这么简单:

---

① 罗伯特·纳尔逊(1944—),马里兰大学教授,经济学家。
② 托马斯·阿奎纳(约 1225—1274),中世纪经院哲学的哲学家和神学家。
③ 马丁·路德(1483—1546),16 世纪欧洲宗教改革倡导者,基督教新教路德宗创始人。

人可能死于寂寞,而不是因为缺乏食物或水。

失去照顾的婴儿无法生存,即使物质需求能被充分满足。

有钱人也会偷东西,不信的话问问大骗子伯纳德·麦道夫①(Bernard Madoff)。

在发展到一定程度之后,人类社会不再因为经济成长而必然感到更幸福。

但是罗伯特·纳尔逊不同意"经济学没有观察到以上现象,也无法真正描述现实"这一观点。经济人假设即使是个神话,但也是个有用的神话,因为他让我们把注意力聚焦在正确的事物上。

纳尔逊说,经济学认为自身功能强大,是一门重要的科学,甚至把这一观点上升到信仰的高度。无论经济学中有关人和市场运作的理论是否成立,经济学家仍让这一套自称能促进经济成长的价值观取得正统的地位,并成为了社会发展的核心。

纳尔逊回顾自己担任政治顾问时,所扮演的角色正是大力促成决策者们以经济价值体系为依据制定决策,时至今日,他依然坚信经济价值观对社会来说是最佳价值观。

就算上帝不存在,许多牧师仍在世上努力工作。纳尔逊认为有些经济学家就像传教士一般,尽管经济学理论对世界与人的描述显然存在谬误,但这些理论仍然对社会来说大有好处,它们是过去 200 年来发展的基础。

---

① 伯纳德·麦道夫(1938—),纳斯达克证交所前主席,在 20 年间,利用"庞氏骗局"诈骗了 500 亿美元,制造了美国有史以来最大的金融欺诈案,2009 年被判处监禁 150 年。

纳尔逊写道,很多人认为宗教必须"描述事实",才能让人相信,这确实是一种观点。不过还有另一种观点存在:一种宗教是否值得实践,不一定要以"教义接近真相"为标准,也可以通过这种宗教所创造出的世界来判断。

今天的经济学已经可以看作是占据支配地位的强势"宗教"。只要我们持续相信经济学的力量,未来就仍会需要不断制造经济学理论和经济学解释的经济学家。

就算经济学家无法就现实经济体的运作给予我们较多的实际指导,但他们勾画出的市场框架和体系,却是值得赞赏的工作成果,使我们得以利用这一体系持续讨论和研究经济问题。纳尔逊认为这本身就是一大功绩。

或许纳尔逊说的不错。不管是宗教也好,还是那些复杂的数学模型也好,经济学理论确实影响了我们的价值观。尽管因为事实、道德假设和教条主义减弱了经济学的影响力,但其仍创造出今日的经济逻辑。还有关于通货膨胀、失业以及其他所有经济学家提出的概念和分析的数据,确实对于社会的发展做出了极大的贡献。但经济学不愿意就此满足,而是宣称自己更为重要,如此一来,就出错了。

虽然并没有正式的经济学教会、获得任命的主教或是成为"圣经"的官方教义,甚至连何谓"经济理论"都没有准确的定义,但"市场逻辑存在于人性"却是我们奉行的理念。这个理念越来越深入我们的文化,进入越来越多的各种生活领域。和经济人有关的讨论也因此变成每一个人都要关注的问题。问题的重点不再是经济学的假设如何更契合实际,以防导致经济体的崩塌,而是变成了保住经济学和经济学家的

第十五章

面子,以便未来不断指导经济运行。

从市场逻辑的运用来说,如果要决定生产哪种口红、目标客户是谁、生产哪些颜色的产品以及成本多少等等,市场逻辑确实非常有效。但若像美国讽刺作家门肯[①](H. L. Mencken)写的那样,你发现玫瑰比卷心菜更好闻,但你不能就此得出玫瑰煮汤会比卷心菜更美味的结论,同样的道理也适用于市场逻辑。就算市场逻辑在某些领域运作顺畅,也不代表就能套用到所有领域。但不幸的是,把市场逻辑无限延伸已成为近代经济学家的重要任务。

我们所说的经济学理论,是主导社会价值观的主要依据。这是这个时代最伟大的故事,就是说明我们是谁、我们在这的理由,以及我们做事的理由。

这个故事里的"经济人"是谁?最重要的,他不是女人。

---

① 亨利·路易斯·门肯(1880—1956),美国作家、编辑。

第十六章

每个社会的发展都因为某种原因而受到拖累

第十六章

全球第三大的室内滑雪场在迪拜,这可能会让你非常惊讶。那里是北纬 25 度的波斯湾,干燥、有风的夏季室外温度约为 40 ℃,冬天则大约为 23 ℃。

滑雪场每天开放 12 小时,全年无休,面积约为 22500 平方米。5 个不同坡度的雪道要用掉 6000 吨的雪,最长的雪道落差 60 米、长 600 米,而且是全世界唯一的室内黑色雪道。

迪拜滑雪场的室内外温差平均为 32 ℃。你很难想象要消耗多少能源才能让这个地方保持酷寒。但这样的设计符合经济理性,尽管在沙漠中央建立滑雪场让人难以理解,但如果有人愿意付钱消费,那何乐而不为呢?

这个经济体公平吗?

经济学有没有增进生活质量?

经济体是否虚耗人类的生产力?

经济原则有没有创造充分的保障?

有没有浪费全球资源?

有没有创造出足够有意义的工作机会?

但是,在目前强势的经济学教义下,以上这些均是不能问的问题。

如果你质疑经济学,就是质疑自我的人性,就是在自我羞辱，所以你不能质疑。

当今的经济学创造出来的是欲望，而非解决方案。西方世界的人肥胖而臃肿，其他人却面黄肌瘦。富人在自己的"噩梦"里像神一般游荡，或是去沙漠里滑雪，后者不用很富裕就能够做到。过去曾经挨饿的人，现在享用上了薯条、可乐、反式脂肪和精炼糖，但他们还是被剥夺的群体。银行家坐领高额红利，政治人物身价数十亿计，这些在西方都稀松平常。按经济学的说法，必须得有些人遥遥领先其他人，否则的话大家都会更穷。

冰岛的银行业在金融风暴中损失了1000亿美元，但该国的年国民生产总值（GNP）仅有130亿美元。这个岛国长期通货膨胀、币值低，除了渔业和地热温泉之外，别无天然资源，经济规模仅为卢森堡的三分之一。但是，它能获准加入金融游戏的派对，就应该深感荣幸了，就像丑小鸭要暗自庆幸能参加舞会一样，好好享受过程、接受一切结果，结束时更别抱怨。经济学家每一次都能从他们的帽子里变出相同的解释。

以绝对的社会排斥和无止境的消费主义建构梦想世界，在和平的环境中成长，远离贫穷和环境破坏，这是供特权人士生活的特殊世界。在这里，股市起起伏伏，国家贬值，货币波动，每一秒的市场变化都受到监督。你会安排好你的偏好，不好的偏好最好避免发生，每个人一次只有一个愿望，也不用考虑未来。历史已经结束，取而代之的是个人自由，你别无选择。

经济人性格的每一个方面，都与男性的每一个特征相重叠，也正是那些被认为优于女性、支配女性的特质。

第十六章

灵魂比身体精致,因此我们把灵魂和经济人放在一起;理性比感性精炼,因此我们把理性和他放在一起;普遍性胜于特殊性,因此我们把普遍性和他放在一起;客观优于主观,因此我们把客观和他放在一起——他置身事外、冷静观察,不被眼前事物影响;文化比自然高雅,因此我们把文化和他放在一起。女性是未被驯服的,他既崇拜又害怕女性。

女性是身体、是土地、是被动的,她是依赖性的和自然的,而男人则相反。男性滋养她、管理她、经营她,汲取出精华,使女性充满意义,赋予活力。

《荷马史诗》(*Homer*)中的英雄奥德修斯①(Odysseus)在旅程中克服了自然、神话及女妖的诱惑,返回伊萨卡夺回妻子并重建父权统治。西方以这些故事为核心构建起自我的整体认知。人类学会用二分法看待性别,并据此形成许多传统观点。但二分法并非能够指导全部。

在中国,老子的《道德经》写于公元前 600 年。这本书里,阴阳相生相克。女性与男性都是一个闭环中相互影响的能量,没有阶级之分,也不能用二分法简单地解释。《道德经》看待男女的观点,不同于传统父权社会,不认为非此即彼、非阴即阳,而是超越了二分法。《道德经》认为,传统上称之为"阴性"的特质,不论男女都可能拥有,整个过程始终处于变化和创造的过程中——没有任何东西是固定或锁定的。但这一看待性别的观点并未成为世界的主流。

---

① 奥德修斯,古希腊神话中的英雄,对应罗马神话中的尤利西斯,是希腊西部伊萨卡岛国王,曾参加特洛伊战争。

主流观点是，与女性有关的东西，总是被构造成从属于男性。自然应该被文化驯服；身体应受灵魂淬炼；自主的人应该照顾那些依赖的人；主动的人应该影响、带动被动的人。这些观点不证自明。

不同的经济学理论都是同一说法的延续：经济人凭借其男性力量主导世界。同样的道理，企业利润也优先于经济体中所有的其他目标。正义、平等、关心、环境、信任和身心健康，全都排在后面。经济学为这些排序提供了理论支撑，说明了最重要因素的考量依据，尽管我们内心很清楚这相当疯狂。

因此，正义、平等、关心、环境、信任和身心健康都未被视为经济价值的核心要素，而是被放置到与经济价值相对立的一面。如果你想要这些东西，你必须在其他重要方面予以妥协。

在任何社会里，良好地运作经济体以持续提升生活品质是毋庸置疑的，但是让所有其他社会价值都屈从于利润与竞争，这就是另一回事了。

我们说，自然界的资源有限。这个世界是静止的、吝啬的和充满敌意的，因此我们必须相互竞争以求得生存，因为竞争会激发出能量，推动整个经济体的发展。靠着这股力量，才让你的餐桌上有晚餐，才决定了华夫饼干的价格，以及试管婴儿的价值。

最著名的经济学定义是莱昂内尔·罗宾斯（Lionel Robbins）在1932年时所提出的。他认为，经济学是"把人类行为当作目的与具有各种不同用处的稀缺手段之间的一种关系来研究的科学"。这里的主角,是匮乏且敌对的自然,面对着欲望无限且拥有完全选择自由的人类,并与其交手。这番说法涉及了我们对男性的全部既有观念,他的理性处于支配地位,战胜了女性天性。对自然界,男性既所欲,又所惧。

经济学家朱莉·纳尔逊[①](Julie Nelson)曾经若有所思地说,如果把经济学定义成"研究人类如何利用自然界的免费馈赠,满足需求和享受生活乐趣的科学",那么,这个世界将大大不同。

在这个定义里,自然不再是对手,而是灵活的、慷慨的且友善的。人和自然间的关系不再是"抢在别人之前,尽量把东西先抢到手",自然和人合为一体,都是整体的一部分。

我们可以随意批评经济人。但只要我们没有彻底看透他只是一种性别角色化的世界观,其基础是人对于"女性"的集体恐惧,我们就永远无法自由。

以整体社会来说,在打压女性数千年后,我们完全认同经济人:他害怕脆弱,害怕自然,害怕情感,害怕依赖,害怕周期性,害怕我们无法理解的一切。这就是整个社会的故事,急急匆匆地逃离我们拒绝承认的人性。

如果我们选择继续逃离人性,我们将会更迫切地需要经济人,甚至胜过需要空气。

我们选择什么角度去观察人类,以及人类在经济体中的行为,这与我们如何看待自身有关。

经济现象总是源自于人们的交易:去商店、买内衣、建设

---

① 朱莉·纳尔逊(1956—),美国女性经济学家,经济学教授。

一座新桥、种一棵树，或是买一辆与邻居同样的车。但经济学家把他们归类成唯一的统计方式：市场价格、一个国家的国民生产总值、消费支出，诸如此类。

这种统计是从微观层面的参与者所做的事情中得出的，因此经济学家要求对人们的经济行为有某种了解：这个人是谁？为什么做这些事？这与财政部报告关于她和所有创造国民生产总值曲线的人的故事有什么关系？

这只是经济人假设的一个问题而已，还存在更多的问题。

经济学中关于人类的所有，永远都是某种程度上的简化。我们真的需要知道"自己是谁"，才能了解经济体？或许不必。但如果选择全力回避这个问题，我们绝对无法真正理解经济。

回避这个问题的，恰巧就是"经济人"：逃避，否认身体、情感、依赖性和情境。拒绝身为全体一员所应担负的责任。关于人性方面，我们全都不肯接受。

几百年来，人们一直认为依赖是可耻的：只有奴隶和女性才需要依赖。当劳动阶级要求选举权时，他们声称自己是独立的。以前，依赖关系是通过所有权来定义的，为别人工作的人是有依赖性的，那些拥有所有权的人才是独立的。

但在今天，工人运动重新定义了"独立"，新的定义变为拥有一份可以养家糊口的有薪工作。这么一来，劳工是在履行自己的责任，因此应该获得权利。反之，女性则不能要求，因为她们仍是依赖者。

工人阶级的男人要靠全职工作来"独立"，就必须依靠妇女来照顾家庭，历史似乎遗漏了这一点。就像亚当·斯密从没提过自己的母亲一样。

什么才算依赖？谁依附于谁？这一直以来都是一个政治问题。

在20世纪80年代，美国的精神科专家谈到了一些性格紊乱的人，这些人依赖他人。这是一种疾病，受折磨的人无法自理。但事实上，我们每一个人都是依赖者，因此社会的任务不能是把生产者与消费者分开，我们都要对彼此和自己负责。无论我们相信什么，我们仍然是整体的一部分，我们需要找到一种方法来谈论这一点。

如今，人类的真正经验在经济体中没有地位。经济学理论以一个假想角色为基础，这个角色不是女性。

有人认为，经济学家穷其一生，就是为人类面对的复杂问题找寻解决方案，结果他们只是盲目地盯着自己基于男人特质的一些假设，但问题是这些特质，连男性都不具备。我们从一个连自己是谁都没搞懂的视角，试图读懂这个世界。

据说，任何事物都应该被切分成最小部分，只有当它与竞争关系中的其他事物分离时，才能被真正认知。这样的世界观使得解决真正重要的事情变得非常困难。

经济理论并未帮助我们理解日常选择对整体和社会以及未来的意义，不管我们如何假装，这些行为只是孤立的一个冲动而已。

相反，经济学家本应在人类经验的空间里，创造出组织社会的工具和方法，以帮助我们了解自己。唯有透过与其他人（他们也是整体的一部分）结合在一起的整体，所有人才能认知自己，才可能存在经济学的那些数学公式。

如果我们更了解我们的欲望，就会发现它们不能以我们想象的方式得到满足。外于工作过度、刺激过度、消费过度，这些你都无法选择。你可以选择的是贷款、债务、恐惧和贪婪。你拼命奔跑，但可能一直在原地打转，还愈转愈快，每个人的梦想都和他人完全隔离。世界在起点结束，不断打转，不断要求更多。但希望不过是让人受困的陷阱，是让"黑暗"进场的软弱许可。如果你想要获得蜂蜜，你绝对不会杀死蜜蜂。市场就在人性之中。每个社会都忍受着自己制造的荒谬。

经济学应帮助我们超越恐惧与贪婪，而不是让这些感觉日益蔓延。

经济学应该做到的，是如何把人们对社会福利的愿景转化成现代经济体系的发展动力。

经济学应该是一套为人类与社会发展创造机会的工具，而不只是处理人们的恐惧，这种恐惧以需求的形式传递到了市场。

经济学应该专门讨论那些对人类重要的具体问题，而不只是针对假设的抽象分析。

经济学应该把人视为理性的主体，而不是被不可逃避的强制理性套住的生物体；应将人视为社会中的一分子，而不是远离他人、意识坚定，仿佛生活在真空里的独立个体。

经济学应把关系视为人个性化和差异化的基本要素，而不是简化为竞争、利润、亏损、低买高卖和对谁输谁赢的算计。

经济学应把人的行为视为会受到彼此间关系的影响，而不是简单地认为仅仅出于自利，否定其他所有的相关脉络和关系。

第十六章

经济学不应认为自利与利他是对立的,我们也不应再用"与我相反"的世界观去看待任何外部事物。

你为何不幸福?诗人为无为①(Wei Wuwei)写道:

> 百分之九十九点九
> 是因为你所想的一切
> 以及你所做的一切
> 都是为了你自己——
> 而这不是全部

我们无须逃离脆弱,反要承认这是人的一部分。所有人的共同点始于身体,这一点很重要。

我们不要把情绪当成理性的对立,反而应关注人究竟如何做出决策。

我们应该接受差异,而不要把所有人都简化为拥有同样的抽象意识的相同个体。

人的关系不需要简化为唯一的"竞争",自然界也不必成为恶意的对手;我们大可承认整体大于部分之和;承认这个世界不是机器,更非经过特意安排的固定流程;然后,我们必须把自己从经济人身上解放出来,所有这些并非徒劳的举动,我们要改变人生这趟旅程的目的,不再是全力去拥有世界,而是自在地活在这里。

---

① 为无为,本名特伦斯·格雷(Terence Gray,1895—1986),戏剧制作人,出版了数本研究道家哲学的书籍。

第十六章

情况随即大不相同。拥有是掌控,张开双臂紧紧揽住一个了无生气的东西,然后宣告:"这是我的。"当你仅仅需要自在,你就不再需要宣称对世界的所有权。

因为你明白你无法拥有世界。

脱下你的鞋子,与这个世界美好共存。

附 录

给凯特琳·马歇尔女士的信

附录

尊敬的凯特琳·马歇尔女士：

您好！

我是赵雨霏。我非常高兴能够在《谁煮了亚当·斯密的晚餐？——女性与经济学的故事》这本书之外与您有更多的交流，作为您书的读者和译者，我感到非常幸运和自豪。从一个年轻中国女性的角度，我从您的书中获得了很多新的知识与思考。我期待在信中与您分享一些我的见解和疑惑。

实际上，尽管我一直到高二才开始学习经济学，现代经济学之父亚当·斯密却很早就给我留下了印象。当我还在小学的时候，我就曾经听说过他的伟大思想。与中式思想所宣扬的对人常怀感恩与善意不同，亚当·斯密宣扬极度的理性、冷酷、只追求利益和效率的人类形象。当时蹦入我脑海的想法是：为什么亚当·斯密描述的这些人与我所了解的人如此不同？当我在高中阶段接触经济学时，我的疑惑似乎解开了。但是新的问题又来了：为什么在经济学中，我们假定经济人（economic man）都是极度理性地去寻找最大利益？当我询问老师和同学们时，得到的答案都是一样：经济学家们假定了这些概念。

从您的书中,我似乎看到了关于这个问题一个更加清晰的视角——经济人的概念是早期经济学家们对人类的不准确和不全面的理解所导致的。

从您书中描述的 5 岁和 7 岁孩子们的心理学实验中,我明白经济人的概念实际上是幼稚的。作为拥有最聪明和复杂的大脑的生物,人类在做出决定时不可避免地受情绪和社会关系的影响。但我相信这些看上去不理智的行为,其实让人类更加富有魅力和独一无二,人们之间的感情常常是人们行动和生活的驱动力。在我的理解中,在理性和感性的斗争下,对于感性的屈服更像是一种无意识或不受控制的行为。有时候,即使我知道如果我能好好利用碎片时间背诵单词,可以学习得更好,但我依然可能会选择把这些时间用来和朋友交流、参加一些活动。我自己也常常对于这种两难境地感到沮丧,不知道是应该让自己更加受情感驱动还是受理性驱动。

相比于经济人这个缺少情感的概念,女性在经济学中的缺失对我来说更是一个巨大的震惊。经济人这个概念本身就是充满歧视的(在英文中,我们用 economic man 而不是 economic women 来表示经济人)。尽管女性在经济社会中一直承担着不可或缺的作用,并且一直承受着家庭中无声的伤痛和辛劳,她们却长时间地消失在经济学中。即使是亚当·斯密本人,一辈子都吃着母亲做的饭,生活在母亲的精心照料下,他也忘记了在经济学中考虑女性,考虑那双照料家庭的无形的手(invisible hand),而自己常常宣扬在市场经济中调节市场的"invisible hand"。书中戏称"如果一个男人娶了他的女仆,那么整个国家的国民生产总值(GNP)就会下降"。实际上,虽然这句话只是个玩笑,但不可否认的是,女性长时间地被家庭和社会遗忘。我因此思考女性在经济学中的地位究竟是怎样的。

我相信现在女性获得了更多社会尊重和工作机会。我们的"girl power"越来越被世界所认可。我很多的女性朋友在职场上获得比男性同行们更高的薪水、做着更重要的工作。但是,即使是在我的周围,男女之间的差别依然存在。

比如,我的妈妈在每周五天的工作日之外承担了更多的照料家庭和孩子的工作,我的爸爸则陪伴家庭的时间较少。在我看来,我的成长和家庭中,妈妈的地位举足轻重(当然爸爸也很重要)。不过在外人看来,爸爸对家庭的贡献似乎更多,也同时获得了更多的赞美。所以女性的实际付出和收获并不成正比。在我的身边,这样的事并不少见——我的同学中有一些妈妈为了更好地照料家庭甚至放弃了自己的事业。虽然在两百年前的工业革命时期,成为家庭主妇在美国是富有的中产阶级或者上层阶级的象征,但在两百年后的今天,我对于这样的做法是有些不可理解的。我认为女性应当努力创造家庭外的价值,证明自己的能力,追求自身能力的提高。

所以,作为一个即将步入大学和社会的年轻中国女性,我非常想知道如何去适应这种性别偏好,如何找到自己在社会中的位置,如何在家庭和社会中获得平衡,如何在社会不公下保持一颗平常心。我相信与我一样的女性们与我有着相同的疑惑。

期待您的建议与解答!

赵雨霏
2018 年 9 月

参考文献

Agence F P. Warnings Raised About Exodus of Philippine Doctors and Nurses. New York Times,2005-11-27.

Akerlof G A,Shiller R J. Animal Spirits:How Human Psychology Drives the Economy,and Why It Matters for Global Capitalism. Princeton University Press,2009.

Aktipis A C,Kurzban R O. Is Homo Economicus Extinct? //Koppl R. Evolutionary Psychology and Economic Theory. JAI Press,2005.

Angier N. Woman:An Intimate Geography. Anchor,2000. Arrow K J. Models of Job Discrimination//Pascal A H. Racial Discrimination in Economic Life. Lexington Books,1972.

Aumann R J. War and Peace. [2005-12-8]. http://www.nobelprize.org.

Banerjee A,Duflo E. Poor Economics:A Radical Rethinking of the Way to Fight Global Poverty. Public Affairs Books,2011.

Barker D K,Feiner S F. Liberating Economics:Feminist Perspectives on Families,Work and Globalization. University of Michigan Press,2004.

Bebchuk L A,Cohen A,Spamann H. The Wages of Failure:Executive Compensation at Bear Stearns and Lehman 2000—2008. Yale Journal on Regulation,2010,27.

Becker G S. A Treatise on the Family. Harvard University Press,1991.

Becker G S. Human Capital,Effort and the Sexual Division of Labor//

Humphries J. Gender and Economics. Edward Elgar Publishing,1995.

Becker G S. The Economic Approach to Human Behavior. University of Chicago Press,1978.

Becker G S. The Economics of Discrimination. University of Chicago Press, 1957.

Becker G S. The Economic Way of Looking at Life. [1992-12-9]. http://home. uchicago. edu/gbecker/ Nobel/nobellecture. pdf.

Bereby M Y,Fisk S. Is Homo Economicus a Five Year Old?. Ben Gurion University of the Negev,2009.

Binswanger H C. Money and Magic:A Critique of the Modern Economy in the Light of Goethe's Faust. University of Chicago Press,1994.

Booth A,Cardona S L,Nolena P. Gender Differences in Risk Aversion:Do Single Sex Environments Affect Their Development?. Journal of Economic Behavior and Organization,2014,99:126.

Brockway G P. The End of Economic Man:Principles of Any Future Economics. W. W. Norton & Company,1996.

Brown W. Att vinna framtidenater. Atlas,2008.

Buckley D. Strange Fascination David Bowie:The Definitive Story. Virgin Books,2000.

Caplan B. The Economics of Szasz:Preferences,Constraints,and Mental Illness. Department of Economics,Center for Study of Public Choice and Mercatus Center,George Mason University,2005.

Center on Juvenile and Criminal Justice. From Classrooms Cell Blocks. [1996-10]. http://www. cjcj. org.

Chait J. The Big Con:The True Story of How Washington Got Hoodwinked and Hijacked by Crackpot Economics. Houghton Mifflin Harcourt,2007.

Chuan X,Judith. Poststructuralist Feminism and the Problem of Femininity in the Daodejing. Journal of Feminist Studies in Religion,2003,19(1).

Cohen P. A Textbook Example of Ranking Artworks. New York Times, 2008-8-4.

Cowen T. The Inequality that Matters. American Interest, 2011(1/2).

Croson R, Gneezy U. Gender Differences in Preferences. Journal of Economic Literature, 2009, 47(2): 448-474.

Davis J B. The Theory of the Individual in Economics: Identity and Value. Routledge, 2003.

Davis M, Monk D B. Evil Paradises: Dream worlds of Neoliberalism. New Press, 2007.

de Beauvoir S. The Second Sex. Norstedts, 2006.

Defoe D. Robinson Crusoe. Wordsworth Editions, 1992.

Edgeworth F Y. Mathematical Physics, An Essay on the Application of Mathematics to the Moral Sciences. Kelley Publishers, 1967.

Edlund L, Kopczuk W. Women, Wealth and Mobility. American Economic Review, 2009, 99(1): 146-178.

Ehrenreich B. Clitoral Economics. Huffington Post, 2008-1-22.

Feiner S F. Portrait of Homo Economicus as a Young Man//Mark O, Martha W. The New Economic Criticism: Studies at the Intersection of Literature and Economics. Routledge, 1999.

Feiner S F. Reading Neoclassical Economics: Toward an Erotic Economy of Sharing//Drucilla K B, Edith K. Toward a Feminist Philosophy of Economics. Routledge, 2003.

Ferber M A, Nelson J. Beyond Economic Man: Feminist Theory and Economics. Chicago University Press, 1993.

Folbre N. Greed, Lust and Gender: A History of Economic Ideas. Oxford University Press, 2010.

Folbre N. The Invisible Heart: Economics and Family Values. New Press, 2001.

Folbre N, Nelson J A. For Love or Money Or-Both?. Journal of Economic

Perspectives,2000,14(4).

Foucault M. The Birth of Biopolitics//Michel F. Lectures at the Collège de France. Palgrave,2010.

Fox M,Betty F. Who Ignited Cause in 'Feminine Mystique',Dies at 85'. New York Times,2006-2-5.

Franklin Sarah. Fetal Fascinations:New Dimensions to the Medical Scientific Construction of Fetal Personhood//Franklin S,Lury C,Stacey J. Off Centre: Feminism and Cultural Studies. Harper Collins Academic,1991.

Frey B. Not Just for the Money:An Economic Theory of Personal Motivation. Edward Elgar Publishing,1997.

Friedan B. The Feminine Mystique. Gun Trollb? ck,Pan/Norstedts,1968.

Friedman M. The Methodology of Positive Economics//Essays in Positive Economics. University of Chicago Press,1953.

Galbraith J K. A Short History of Financial Euphoria. Penguin,1994.

Galenson D W. Artistic Capital. Routledge,2006.

Gilder G. Wealth and Poverty. ICS Press,1993.

Gneezy U,Rustichini A. A Fine is a Price. Journal of Legal Studies,2000, 29(1).

Grant J,Mackenzie M. Ghosts in the Machine:The Potential Dangers of Automated,High-Frequency Trading. Financial Times,2010-2-17.

Grant Thornton International Business Report (IBR) 2012. Women in Senior Management:Still Not Enough,2012.

Grapard U,Hewitson G. Robinson Crusoes Economic Man. Routledge,2011.

Graycar R,Morgan J. The Hidden Gender of Law. Federation Press,1990.

Grazzini J. The Rhetoric of Economics//McCloskey D N. University of Turin Doctoral Programme in Economics of Complexity and Creativity,2009.

Hamdad M. Valuing Households Unpaid Work in Canada,1992 and 1998: Trends and Sources of Change. Statistics Canada Economic Conference,2003.

Hammermesh D S,Soss N M. An Economic Theory of Suicide. Journal of Political Economy,1974,82(1/2).

Harvey D. A Brief History of Neoliberalism. Oxford University Press,2007.

Hawking S. Black Holes and Baby Universes and Other Essays. Bantam Books,1993.

Held V. Mothering Versus Contract//Jane J M. Beyond Self Interest. University of Chicago Press,1990.

Hennessee J. Betty Friedan:Her Life. Random House,1999.

Hewitson G. Deconstructing Robinson Crusoe:A Feminist Interrogation of Rational Economic Man. Australian Feminist Studies,1994,9(20):131-149.

Hewitson G. Feminist Economics. Edward Elgar Publishing,1999.

Hochschild A R,Ehrenreich B. Global Woman:Nannies,Maids and Sex Workers in the New Economy. Henry Holt,2002.

Human Development Report 1999. United Nations Development Programme,1999.

Jensen D. The Culture of Make Believe. Context Books,2002.

Johnson J. 1 Million Workers. 90 Million iPhones. 17 Suicides. Who's to Blame?. Wired Magazine,2011(3).

Joyce J. Daniel Defoe. Buffalo Studies,1964.

Kahneman D,Tversky A. Prospect Theory:An Analysis of Decision under Risk. Econometrica,1979(XLVII).

Keynes J M. Essays in Persuasion. W. W. Norton & Company,1963.

Kindleberger C P,Aliber R Z. Manias,Panics,and Crashes:A History of Financial Crises. Wiley Investment Classics,2000.

Kingma M. Nurses on the Move:A Global Overview. Health Services Research,2007,42(3):2.

Kipnis L. The Female Thing. Pantheon Books,2006.

Krugman P. The Return of Depression Economics. W. W. Norton & Company, 2000.

Lagarde C. Women, Power and the Challenge of the Financial Crisis. International Herald Tribune, 2010-5-10.

Lemke T. The Birth of Biopolitics: Michel Foucaults Lecture at the Collège de France on Neo-Liberal Governmentality. Economy and Society, 2001, 30(2).

Leonard M. What Does China Think? Fourth Estate, 2008.

Leonard R. Von Neumann, Morgenstern and the Creation of Game Theory. Cambridge University Press, 2010.

Levitt S D, Dubner S J. Freakonomics: A Rogue Economist Explores the Hidden Side of Everything. William Morrow, 2006.

Lewis M. Wall Street on the Tundra. Vanity Fair, 2009-12-14.

Lucas R. In Defence of the Dismal Science. Economist, 2009-8-6.

Mandeville B. The Fable of the Bees and Other Writings. Hackett Publishing, 1997.

Marglin S A. The Dismal Science: How Thinking Like an Economist Undermines Community. Harvard University Press, 2008.

Marshall A. Principles of Economics. Macmillan and Co., 1920.

McCloskey D. How to be Human: Though an Economist. University of Michigan Press, 2000.

McCloskey D. If You're So Smart: The Narrative of Economic Expertise. University of Chicago Press, 1992.

Mencken H L. A Little Book in C Major. Kessinger Publishing, 2006.

Mialon H. The Economics of Faking Ecstasy. Economic Inquiry, 2012, 50(1).

Milne A A. If I May. Kessinger Publishing, 2004.

Mincer J. Investment in Human Capital and Personal Income Distribution. Journal of Political Economy, vol. 66, 1958, 66(4).

Mincer J, Polachek S. Family Investment in Human Capital: Earnings of

Women in Studies in Labor Supply:Collected Essays of Jacob Mincer. vol. 2. Edward Elgar Publishing,1992.

Moberg A. Hon Var Ingen Florence Nightingale:Människan Bakom Myten [She was No Florence Nightingale: the Person Behind the Myth]. Natur & Kultur, 2007.

Mount F. The New Few,or a Very British Oligarchy:Power and Inequality in Britain Now. Simon & Schuster,2012.

Mueser P. Discrimination//John E,Murray M. The New Palgrave: A Dictionary in Economics,vol. 1. Stockton,1987.

Nelson R H. Economics As Religion:From Samuelson to Chicago and Beyond. Pennsylvania State University,2002.

Nelson R H. Reaching for Heaven on Earth:The Theological Meaning of Economics. Rowman & Littlefield Publishers,1993.

Newman K. Fetal Positions: Individualism, Science, Visuality. Stanford University Press,1996.

Office for National Statistics (ONS). First ONS Annual Experimental Subjective Well-being Results. Swansea:ONS,2012b.

Pateman C. The Patriarchal Welfare State//Joan L. Feminism, the Public and the Private: Oxford Readings in Feminism. Oxford University Press,1998.

Pearson M, Schipper B. Menstrual Cycle and Competitive Bidding. Games and Economic Behavior,2013,78:1-20.

Persky J. Retrospectives:The Ethology of Homo Economicus. Journal of Economic Perspectives,1995,9(2).

Phillipson N. Adam Smith: An Enlightened Life. Yale University Press,2010.

Poundstone W. Prisoners Dilemma:John von Neumann,Game Theory,and the Puzzle of the Bomb. Oxford University Press,1992.

Read J. A Genealogy of Homo Economicus:Neoliberalism and the Production of Subjectivity. Foucault Studies,2009(6).

Reich R B. The Next American Frontier. Crown,1983.

Reinhart C M,Rogoff K S. This Time Is Different:Eight Centuries of Financial Folly. Princeton University Press,2011.

Rhodes R. The Making of the Atomic Bomb. Simon & Schuster,1987.

Robbins L. An Essay on the Nature and Significance of Economic Science. second edition. Macmillan & Co,1945.

Rothkopf D. Superclass:The Global Power Elite and the World They Are Making. Leopard Förlag,2008.

Schwartz B. Money for Nothing. New York Times,2007-7-2.

Sen A. More than 100 Million Women are Missing. New York Review of Books,1990-12-20.

Sen A. Rational Fools:A Critique of the Behavioral Foundations of Economic Theory//Jane J M. Beyond Self Interest. University of Chicago Press,1990.

Senior N. An Outline of the Science of Political Economy. Augustus M. Kelley,1965.

Simmel G. The Philosophy of Money. Routledge,2004.

Smeaton D, Vergeris S, Sahin D M. Older Workers:Employment Preferences,Barriers and Solutions. Equality and Human Rights Commission,Research Report 43,2009.

Smith A. The Wealth of Nations,Encyclop? dia Britannica. Great Books, 1952 (1759).

Smith V L. Bargaining and Market Behavior:Essays in Experimental Economics. Cambridge University Press,2000.

Smithers A. Wall Street Revalued:Imperfect Markets and Inept Central Bankers. John Wiley & Sons,2009.

Soros G. The Alchemy of Finance:Reading the Mind of the Market. Wiley,1994.

Special Report on the Global Housing Boom. Economist,2005-6-18.

Statistics S. Pay Differentials between Women and Men in Sweden. Information on Education and the Labour market,2004(2).

Stevenson B, Wolfers J. The Paradox of Declining Female Happiness. American Economic Journal:Economic Policy,2009,1(2):190-225.

Stigler G J. Smith's Travels on the Ship of State. History of Political Economy,1971,3(2).

Stiglitz J E. Globalization and Its Discontents. W. W. Norton & Company,2003.

Stiglitz J E. Of the 1%,By the 1%,For the 1%. Vanity Fair,2011(5).

Stockman D. The Triumph of Politics:Why the Reagan Revolution Failed. Harper & Row,1986.

Szuchman P,Anderson J. Spousonomics:Using Economics to Master Love, Marriage,and Dirty Dishes. Random House,2011.

Taylor M C. Confidence Games:Money and Markets in a World without Redemption. University of Chicago Press,2008.

Thompson D. The $12 Million Stuffed Shark:The Curious Economics of Contemporary Art. Palgrave Macmillan,2008.

Thorp E O. Beat the Dealer:A Winning Strategy for the Game of Twenty One. Vintage,1966.

Thorp E O. Beat the Market:A Scientific Stock Market System. Random House,1967.

United Nations Publications. The Inequality Predicament:Report on the World Social Situation. Department of Economic and Social Affairs (DESA),2005.

Varia N. Globalization Comes Home:Protecting Migrant Domestic Workers Rights. Human Rights Watch World Report 2007. http://www.hrw.org.

Walsh B E. Waste Not. Time Magazine,2009-1-8.

Wanniski J. The Way the World Works. Gateway Editions,1998.

Waring M. Counting for Nothing: What Men Value and What Women are Worth. University of Toronto Press, 1999.

Weatherford J. The History of Money. Three Rivers Press, 1998.

West R. The Young Rebecca: Writings of Rebecca West, 1911—1917, a selection made by Jane Marcus. Indiana University Press, 1989.

Wolf A. The XX Factor: How Working Women Are Creating A New Society. Profile Books, 2013.

后记

一本书,对读者而言,就是一本书而已,而对作者或译者来说,它是一个生命。

我的2018年这一页人生,可以用两本书的问世来概括:一本是《格物省身 理实交融:管理学院校友的科大故事》的写作,另一本就是《谁煮了亚当·斯密的晚餐?——女性与经济学的故事》的翻译。这篇后记,算是我这一页人生的些许感悟。

翻译书籍,对于我是第一次。我对于翻译的理解,首先是一次深度阅读,然后是替作者来一次再创作。我喜欢阅读,也喜欢创作,但不太喜欢替别人创作,而且这个"别人"还是位女性作家,创作的内容还是替女性说话。看到这里,您一定发现了,尽管在平时生活中我可能伪装得很好,但其实骨子里是一个多少有点"大男子主义"的人。

正是基于这个原因,从本书的责任编辑杨振宁老师第一次找我翻译这本书开始,我就觉得这是一件极"滑稽"的事。但杨老师不这样认为,而且他似乎认准了我是最合适的译者人选。尽管我极其不情愿,但杨老师的一句话打动了我:"正是因为你没翻译过,你才可能收获更大!"于是最终我选择相信杨老师长期从事出版工作所练就的专业眼光，接下了工作。事实证明，杨老师说的很对，尽管由于我的能力有限，这本书翻译得可能很不完美，但我的收获是巨大的。

这让我想起了一件往事，上高中的时候，我经常以各种理由躲避值日，结果班级选举班委时，我竟然高票被推选为劳动委员，于是在之后的一年里，我奇迹般地"被养成"了爱劳动的习惯，并把班级带到了"卫生标兵"的榜首。其实很多时候，我们人生的很多"果实"都是被逼出来的。

被逼上了翻译之路，我受到的第一个挑战就是"对抗"。这本书的作者并非经济学科班出身，于是我和作者的观点不断对抗；作者选择了大量非正统论据，于是我又和作者的论据不断对抗；作者是一位女性，作品中处处都出自女性视角，于是我再和作者的视角对抗。

有一天我终于意识到，如果这样"对抗"下去，写出一本反驳的书倒有可能，但翻译的工作估计永远完成不了。但是这本书所传递的思考或看待经济及社会问题的独特视角是非常有参考价值的，值得我把这个任务努力执行下去。于是我明白了，我必须先把自我放到一边，无条件接受作者，不仅无条件接受她，还要尽可能深入地理解她的观点，再用中文准确地将其观点表述给中国读者。翻译，首先是一种"无我"的工作。"无我"，是我的第一层感悟。

"无我"之后，还要"换位"，站在作者的角度"再创作"。这带给了我更深一层的感悟。"换位"，让我第一次站在女性视角，看待经济学和经济社会。这也是我邀请女儿参与翻译工作的主要原因，希望她能从女性角度，更好地诠释这种想法。如果不是翻译这本书，我永远不会有机会在近一年的时间里，经常性地强迫自己转换性别视角，站在女性的角度去重新理解自己从事的研究领域。这样的经历,对我更全面地理解经济学和社会学有极大的帮助。

第二个挑战,是"合作"。翻译此书的动力之一,就是和女儿再次合作。之前出版的《与女儿谈管理》就是记录与女儿的日常对话,这次则是共同翻译。女儿的英语能力不错,托福也考过了110分,而且她的积极性很高。最开始我们采用分任务的方式,每人若干章,但没多久我们就意识到这样显然不行,因为无法保证风格统一。于是经过多次尝试后,采用流程分工的方式:女儿先"粗翻";我再"细翻";她再校对和阅读,把读不明白的地方告诉我;我再根据原文换一种表达方式,直到她能够弄明白为止。但又出现了新问题,几章过后,女儿的专业理解能力提升很快,即使我翻译得比较专业,她也能看懂了,这样一来,通俗易懂的原则就不好把握了。女儿想了一个办法:她再讲给别人听,让听众判断是否容易理解,于是妈妈、奶奶都成了听众,总算解决了这个问题。

通过翻译此书,女儿的收获是巨大的。她给作者写了一封信(见本书附录),在分享翻译过程感悟的同时,还向作者请教了如何帮助今天的年轻中国女性面对日益纷杂的经济和社会发展的挑战,作者针对这一问题,在中文版的序中专门予以回应。

更让我意外的是,她还把这段经历用在了申请美国高校的文书创意中。在文章中,她带着这本翻译的书,穿越时光回到了亚当·斯密的时代,与亚当·斯密共同品尝其母亲亲手做的晚餐,一边吃饭一边讨论《国富论》的观点。我相信翻译这本书的经历,还会给女儿的未来提供更多帮助。

这本书的翻译过程,不仅让我有很多感悟,更有太多的感谢。

我们经常强调换位思考，但偶尔一两次的换位，效果不大，只有长时间、多频次地换位思考，才能真正感悟。翻译这本书，让我更多地转换性别视角，从而更深刻地理解了女性无论在经济生活中还是在社会生活中的价值。这些价值，是这个世界得以良性运转不可或缺的核心要素。由此我要感谢我生命中最重要的三位女性：我的母亲、我的太太和我的女儿。感谢她们多年来对我"大男子主义"的宽容。我终于明白，我做出的一点小小的成绩，其实全部来自她们的支持。我为你们所做的，与我从你们那里得到的一切相比，根本不值一提！

我还想以本书纪念我的父亲，他于2018年驾鹤西去。我的思想和写作都受到父亲深深的影响，几乎我的每部作品都有他的大量付出，他与我一起讨论写作思路，对写作框架给予有价值的建议，以吹毛求疵的态度挑剔我的文字……最重要的是，他教导我严于律己、宽以待人的处事理念，让我获益终生。他总是告诫我不要急于求成，要循序而进、厚积薄发，多次开玩笑地鼓励我说：他的最大理想就是看不到我的最高成就。这句话一直激励着我不断前行。

感谢六六女士和吴晓波先生为本书撰写推荐语。感谢为本书的出版付出大量心血的编辑团队……

最后，感谢本书的原作者，为我们奉献了这么一部优秀的作品！

2018年这一页人生，我会永远怀念！

赵　征

2018年11月